离开北京照样混得好

王灿阳 / 编著

北京理工大学出版社
BEIJING INSTITUTE OF TECHNOLOGY PRESS

图书在版编目（CIP）数据

离开北京照样混得好 / 王灿阳编著. —北京：北京理工大学出版社，2012.6

ISBN 978-7-5640-5941-5

Ⅰ.①离… Ⅱ.①王… Ⅲ.①生活方式－通俗读物 Ⅳ.①C913.3-49

中国版本图书馆CIP数据核字（2012）第095294号

出版发行 / 北京理工大学出版社
社　　址 / 北京市海淀区中关村南大街 5 号
邮　　编 / 100081
电　　话 / （010）68914775（办公室）68944990（批销中心）68911084（读者服务部）
网　　址 / http：//www.bitpress.com.cn
经　　销 / 全国各地新华书店
排　　版 / 博士德
印　　刷 / 三河市华晨印务有限公司
开　　本 / 670 毫米 ×960 毫米　1/16
印　　张 / 19
字　　数 / 320 千字
版　　次 / 2012 年 6 月第 1 版　　2012 年 6 月第 1 次印刷
定　　价 / 35.00 元

责任校对 / 周瑞红
责任印制 / 边心超

序

哪里都能混得好，真的

住宽敞明亮的大房间！

开着奔驰宝马上下班！

每天准时回家吃晚餐！

闲暇时候去钓鱼爬山！

这是我曾经的梦想，我一直在为自己的梦想而努力奋斗。

2001年，我进入北京一所大学学习，第一次踏入北京城，一待就是四年。北京是个国际化的大都市，有近2000万的人口，作为祖国的首都和中国第二大城市，已有3000余年的建城史和850余年的建都史。这座现代化的大城市里，处处都是跳跃着的机会，到处都是耀眼的黄金——至少青春年少时的我们确实是这般认为的。为此，无数年轻人纷至沓来，在这里留下了青春的足迹。

北京人多，人所共知，无论是坐地铁还是上公交，都是摩肩接踵，难有立足之地，尤其是在上下班高峰期。曾有人戏言，在北京出行一次，就相当于减肥一回。此话虽有夸大之嫌，但北京人多却是不争的事实。北京车多，多如牛毛，尾灯连缀而成的长龙令人目眩；北京楼高，直插云霄，秦始皇登天的长梯大概也不过如此。于是，有车有房成为每个在北京拼搏的人的梦想。很多人成功了，更多的人失败了，逃离北上广，成为一大批人迫不得已的选择。

2005年我大学毕业，辗转几次，于2007年再次来到北京，开始了在北京的生活。在北京的岁月里，我跟所有当初一起奔赴北京的同学、朋友们一样，并没有实现有车有房的梦想，工作状态差强人意，工作成绩平平常常。

2008年年初，博士德总部将我调任到杭州分公司担任总经理。古人口中关于“鸡首”和“牛后”的争辩，似乎在我身上得到了某些验证。在总部默默无闻的我，在杭州成为分公司的顶梁柱。两年里，我往返于北京和杭州之间，个人能力和综合素质得到了快速提升。此时我惊讶地发现，对于曾经无限向往的北京，是那么熟悉而又陌生，我竟能以第三者的目光去冷眼旁观。我突然明白，对于北京我是何其渺小，多我一个不多，少我一个不少，而在曾经不以为然的杭州，我已能独当一面。

我开始意识到，北京未必真的适合我。

我该何去何从?

2009年，一个偶然的机会，我去了位于浙江省嘉兴市的桐乡，任桐乡国际新能源市场总经理。一个在北京这样的大城市中几乎被各式各样的人才淹没的我，在桐乡受到了前所未有的重视，我因此坚定了自己的选择，留在了桐乡。是做大河里的小鱼，还是做小河里的大鱼？我以自己的行动对这个问题作出了极具说服力的回答。自担任桐乡国际新能源市场总经理以来，我带领团队取得了优异的成绩，先后接待了超过80多个世界各国政府的官员参观考察，荣膺“中国新能源首选贸易平台”称号，策划了“首届光热国际化高峰论坛”，荣膺“2011年度推动中国低碳产业发展杰出贡献品牌”和“中国可再生能源学会产品技术交流基地”称号，入选《2011—2012中国太阳能热利用发展蓝皮书》，获得2011年度中国太阳能热利用行业营销创新企业奖。

这些成绩并没有拉远我与北京的距离，我始终无法割断与北京的联系。当年，我在北京接受了市场的洗礼，职场的磨炼，此后才携带学到的一技之长离开北京；如今，我立足桐乡，仰望北京，仍然对它充满了期盼和好感。

继续奋斗在北京的同学和朋友与我常有联系，他们其中有人小有所成，对自己的生活状况甚为满意，大赞“北京是个好地方”，然而大部分人还在做着“有房有车”的梦想，直跟我抱怨大城市里幸福指数如何如何低，工作如何如何累，生活如何如何沉重。

我一直在沉思去与留的区别，思考不同的人生选择背后的驱动力和本质，最终得出了一个结论：

北京是个好地方，但是它并不适合所有人。

其实这个所谓的结论有点老生常谈的味道，好多年前就有人说过类似的话。实际上我认识到，在北京这样的大城市里接受生活的磨砺，在人才济济的职场打拼几年，开阔眼界，积累经验，增加见识，一旦时机成熟，就离开北京前往一个适合自己的二三线城市，在那里我们可能变得鹤立鸡群，成为职场中的佼佼者，生活中的知足者，从而找到更多更好的发展机会。双腿蹲下那是为了跳得更高，双臂缩回是为了出击得更有力量，有时候，离开未尝不是一个好选择。

在桐乡，我买了新房，对这个新家我充满了爱；

在路上，我开着奔驰，上班下班我都从从容容；

晚餐时，我很少迟到，每天都与家人其乐融融；

闲暇时，我约上朋友，一起去泡吧一起去钓鱼。

这就是我如今的生活状态。

发现了吗？曾经在北京无法实现的梦想，在桐乡却是实实在在的生活。

我爱北京，我更爱桐乡。无论身在何处，我们都希望自己混得好，过得更好。其实哪里都能混得好，过得好，未必一定要在北京。

王灿阳

2012年3月于嘉兴桐乡

前　言

在北京，不少外来务工者口中流行着一句很经典的话，那就是："在北京理想很'丰满'，但现实很'骨感'。"大城市的住房、医疗、教育和孩子的奶粉钱，这四座大山压得城市蚁族喘不过气来，大部分的白领变身"过劳模"，而"白领民工化"的趋势也日渐明显，越来越多的大龄剩男剩女连相亲也成了一种奢望。因此，人们不免发出疑问："生活在北京还有多少幸福指数可言？"这样的话题也已经成了北京、上海、广州等一线大城市人们议论的焦点。于是，大城市中的人们掀起了一股"逃离'北上广'"的思潮。

某知名节目主持人说："中国大城市的房价飞涨，在大城市买房对于中低收入人群，尤其是'蚁族'，几乎有点天方夜谭的味道，因为除了手机、自行车和电脑之外，他们似乎一无所有。而所谓的大城市梦想，似乎也只是一个遥远的传说。其实，并非一定要挤在大城市中生活，与其在大城市苦苦挣扎，还不如到二三线城市去轻松生活。"

人们不免会问，究竟是什么让房价不断升高？偌大的北京城，究竟是谁买走了北京的房子？于建嵘说："在高房价的背景下，越来越富裕的人对城市发挥着巨大的主导作用。"越来越多的人已经意识到，大城市的工作环境及生活方式越来越不适合自己，于是他们选择了“逃离”。“逃离”过程中他们内心会有一些忐忑不安，因为他们不确定“逃离”到小城市是否能得到自己想要的工作环境和居住条件，等等。

本书为广大读者道出了在大城市生活的辛酸与艰苦，揭露了“蚁族”和“房奴”们苦不堪言的真实人生，展现出大城市生活中种种的不便与无奈，体现了人们追求轻松生活的真实心态……同时，本书详细地为广大读者分析了房价屡屡上涨的原因，在北京、上海、广州等这样的大城市，适合什么样的人居住，不适合什么样的人居住，以及人们为什么宁要小城市“一张床”，也不要大城市“一间房”，等等。

当然，本书更为详尽地为广大读者介绍了最适合人们创业、工作及生活的许多个二三线城市，比如：二三线城市崛起的商机，如何更好地在二三线城市崛起，薪水条件最佳的二三线城市有哪些，二三线城市高品质的生活体现在哪些方面，更适合人们创业和生活的二三线城市以及“逃离北上广”的人们需要具备的前瞻意识，等等。

更重要的是，本书还为广大读者列举了诸多在二三线城市创业成功以及飞黄腾达的精英们，比如中国知名企业家、阿里巴巴创始人之一兼阿里巴巴集团首席执行官的马云，腾讯创始人之一兼腾讯公司首席执行官和董事会主席的马化腾，2002年中国十大创业风云人物之一、蒙牛乳业创始人牛根生和娃哈哈集团董事长宗庆后等。

当然，还有很多从大都市回到二三线城市发展的精英群体们。他们为什么不在北京创业，而是选择到北京以外的城市发展？本书从生活、地理环境以及人文等各个不同的角度入手，为广大读者分析了精英群体到其他城市创业成功的原因，以及他们所创业的城市与北京相比而言，具有哪些创业和生活的特点及优势。

相信本书会为那些依旧“困”在大城市中不知去向的人们指点迷津，也为那些想要“逃离‘北上广’”却又不甚了解二三线城市的人们指明方向，更为那些在创业路上徘徊不前的人们理清思绪，与其说这是一本厚重的书，不如说这是一个轻松生活的大指南。

目录

CONTENTS

第一章　是在"北上广"当"蚁族"，还是留在家乡住"别墅"

1. 漂在高压"北上广"，漂来漂去为什么　3
2. 北京高房价造就"蚁居一族"　7
3. 新一代地下室"蚁族"——廉租房离我们还太遥远　11
4. 北京住房远郊化，是苦苦坚守还是毅然离开　16
5. 高房价催生新一代"裸婚"群体　21
6. 辛酸滴滴"房奴"泪——房子"绑架"了谁的生活　25
7. 与其在大城市做"房奴"，不如回家住"别墅"　30
8. 宁要小城市的"一张床"，不要大城市"一间房"　35
9. 房价暴涨，是谁买走了北京的房子　39
10. 从《蜗居》看房子与幸福，梦想离现实很遥远　44
11. 惊！如何在月薪两千中"节省"出一套房　49

第二章　在北京理想很"丰满"，但是现实很"骨感"

1. 大城市之好与小城市之优的抉择　55

2. 为何逃离“北上广”——盘点放弃大都市的理由 62
3. 白领变身“过劳模”——梦魇笼罩下的大都市 69
4. 白领正在“民工化”——理想再高，高不过大城市“四座大山” 74
5. 交通拥堵是扼杀人们宝贵时间和生命的第一“杀手” 79
6. 大城市是“大”还是“小”？连相亲都成了一种奢望 84
7. 生活在首都还有多少幸福指数 88

第三章 离开北京的那些创业精英们

1. 马大侠携“六脉神剑”逃离北京，西子湖畔创下阿里王国 95
2. QQ教父马化腾，深圳缔造“企鹅”王国 102
3. 牛老板的生活沃土当然还是在内蒙古大草原 107
4. 宗庆后一直都在“娃哈哈”，每天笑傲江湖不显老 111
5. “隐形大佬”王健林在大连的地产江湖 115

第四章 二三线城市，新精英群体崛起的契机

1. 二三线城市需要你的加入 121
2. “北上广”的机遇被“瓜分”完了，我们还是退居二三线吧 125
3. 通胀加剧，还是二三线城市有盼头 129
4. 留在北京我是“小白领”，离开北京我是“大精英” 133
5. 守株待兔不是长远之计，二三线城市崛起新商机 137
6. 临渊羡鱼，不如退而结网——如何在二三线城市崛起 141
7. 要具有前瞻意识——一定要看到二三线城市为你做的准备 145
8. 二三线城市是薪水崛起的处女地 148

9. 二三线城市为新精英免除后顾之“忧” 152

第五章 离开“北上广”，不是逃离而是创富

1. 就是要逃离“北上广”——财富总是会隐藏在最深处 159
2. 将在大城市学习到的经验运用在小城市中 162
3. 创业“试验场”，孰优孰劣 166
4. 改变观念，将二三线城市视为掘金圣地 170
5. 创富机会不仅限于大城市——二三线城市的吸引力愈发增强 174
6. 大城市的梦想被“挤破”后，小城市是圆梦的最好场所 177
7. 放低姿态，理性、多元的择业观有助于把握财富 180

第六章 看得见的小城市高品质生活

1. 大城市房价贵令人止步，何不去小城市过“宜居生活” 185
2. 工作压力小，才能拥有高品质生活 188
3. 生活成本低，日子过得真舒坦 191
4. 小城市每天都能享受到不花钱的天然氧吧 194
5. 随心所欲安排自己的时间，以便做自己想做的事情 197
6. “低薪蓝领”照样能享受“高薪白领”的品质生活 200
7. 交通便利，更多节约时间成本 203
8. 真省心！小城市不再忙忙碌碌 206
9. 瞧瞧人家，工资不高，每年还能欧洲游 209
10. 毕业生奔向二三线城市，要的就是归属感 213

第七章　远离京城的历史人物

1. 白居易：长安米贵，居大不易 219
2. 李白：赐金放还——京城生活的终结 222
3. 杜甫：漂在长安九载的悲情才子 226
4. 柳宗元：京城仕途梦想破灭，被贬至永州 229
5. 苏轼：政见不合，最终远离京城 232
6. 王安石：变法失败，含恨离开京城 235
7. 欧阳修：弃官离京享清福 238
8. 沈万三：被迫籍没家产，发配充军 240
9. 贾谊：权贵毁谤，无奈离开京城的才子 243

第八章　中小城市创业生活大指南

1. 过来看看，二线城市最适合你创业 249
2. 适合中小城市的创业项目 253
3. 适宜人们创业的十个中小城市 257
4. 适宜人们生活的八个中小城市 266
5. 中小城市创业者们所要必备的“五能” 273
6. 中小城市创业优惠政策 278
7. 二三线城市才是好项目发展最佳的“根据地” 282
8. 成本诱惑——二三线城市掀起创业热潮 286

第一章

是在“北上广”当“蚁族”，还是留在家乡住“别墅”

几乎每一个人的心里都装有对大城市的梦想，至少都曾经有过。特别是那些刚刚踏出大学校园、精力旺盛的年轻大学生，他们的内心曾经无数次地描绘大城市舒适而又光鲜的生活。他们同所有怀揣大城市之梦的人一样，辞别父母，背上行囊，在几行热泪夺眶而出之后，现代发达的交通工具载着他们一路狂奔，奔向他们各自心中最理想的地方——北京、上海、广州等一线城市。

然而，在如此高的房价压力下，一些中低收入群体，尤其是刚毕业不久、怀揣大城市之梦的大学生，无疑会有一种无能为力的感觉。于是在大都市中，“蚁族”以及新一代地下室“蚁族”形成了，他们自诩为是继农民、民工、下岗职工之后的“第四大弱势群体”。面对飞涨的房价，对于他们来说，买房或许就是一个极其遥远的传说。当然，在他们中间也有省吃俭用买上房子的，但却成了货真价实的“房奴”。连“房奴”也算不上的呢，就不结婚了吗？当然不是，于是，城市里又出现了一种新现象——“裸婚”。“裸”出来的婚姻和成为“房奴”的人一样，会幸福吗？

1. 漂在高压“北上广”，漂来漂去为什么

国家一线城市，典型的如北京、上海、广州等，其惊人的房价可以说到了让人望楼兴叹的程度，但仍有来自四面八方的年轻人向北上广靠拢，并且多如过江之鲫。他们用体温捂紧胸口深处的“北京梦”、“上海梦”，不愿它们变凉，更不愿它们破碎，并希望有朝一日能将它们种在国家一线城市的繁华土壤里，生根、发芽、开花、结果。

他们所选择的一线城市和奋斗方式或许不一样，但有一点是相同的，那就是在大城市拥有一份稳定的事业、一套属于自己的房子、一辆以“京”、“沪”为标志的小轿车，以及在这里娶妻生子，最终落户在大城市，成为一个名副其实的北京人、上海人……

然而，多少外来务工人员为大城市付出了汗水、青春与辛酸，却依旧未能得到一个安身之所。他们每个月不多的收入，往往只能维持伙食费和日常开支，每到月底所剩无几，根本就没有多余的钱存入那

薄薄的银行卡里。甚至有人还没到月底，就已经衣袋空空，两袖清风了。于是，网络上给他们取了一个形象且具代表性的名字——“月光族”。“富，富不过一个月；穷，穷不过三十天”，这就是“月光族”们真实生动的生活写照。

大城市在这些人日复一日、年复一年的辛勤劳动下，迅速腾飞了，而这些人却依旧租住在城中村、农民房，甚至是阴暗潮湿的地下室。

在他们租住的房子里，几乎任何物品，都是在小杂货铺或二手市场讨价还价购买来的廉价物品，其质量真是不敢恭维，一般用不了多久就坏了。也有在网上购买的一些既便宜又好用的小家具，有的则是买回一些简易家具，自己动手安装，因为经常搬家的缘故，也便于拆卸，到了新“家”再重新组装起来。不然，扛着一个大物件，想要挤上人如潮水的公交或地铁，那简直就是比登天还难的事。在这一方面，他们的心态几乎都是“不求好次，能用即可”。

然而，到底是什么原因让他们在水深火热中如此煎熬呢？有一半以上的采访资料显示，北京、上海等一线城市高额的房价让他们望楼兴叹，却又不愿意看到自己几年来在大城市的努力打拼就此结束，因此，他们仍渴望能在北京、上海或广州等地拥有一套属于自己的房子。

北京的高房价一直是一个热点话题，它风起云涌，变数颇多，真是愁煞了一大群想在北京定居的人。房价的走势会是怎样的一种情况，没有人可以预料。但绝大多数的北京务工者仍旧希望能在北京拥有属于自己的住房，这是一个客观存在的事实。或许，在像北京这样的一线城市之外奋斗的人们会问：这到底是为什么？

成都的李丹说，她的一个朋友是2003年去的北京，而当时月收入是1500元，在2005年升为部门主管，月收入涨至3500元，2008年时薪水涨到了5000元，而朋友的女友月收入在2000元左右，因此他们月收入总额在7000元左右。他们最初的理想是在北京四环以内买一套120平方米的住房。后来他们把目标降低为90平方米，再后来的目标成了四环以外的90平方米。

李丹说，到了2010年，她的朋友仍旧整天给她诉苦，生活压力太大，尽管月收入涨到了10000元左右，但日常开支也日渐增加，奋斗了近七年，在北京依旧属于“北漂”一族。只是和那些刚来北京住地下室的人比起来，心里略微要平衡一些罢了。

李丹劝她的朋友回成都工作，却被一口回绝了，理由是哪怕再苦再累，也要在国家一线城市之一的北京买上房子。李丹据理力争，二线城市不也很好吗？为什么一定要在北京发展呢？但她的朋友依旧是那句话，似乎雷打不动。

因此，李丹为她的朋友感到苦恼，为什么一定要在北京发展不可呢？北京不只房价高，物价也高，且交通拥挤。李丹不明白，为什么这么多人挤破了脑袋也想要在这样一座“高压”城市扎根？

原来李丹也曾在北京打拼过，与她的朋友一样，也是2003年到的北京，在北京，她苦苦奋斗了五年，2008年，她毅然选择了回到家乡，即二线城市——成都发展。理由很简单，没有背景、没有人脉、没有足够多的Money，除去一切花费，月存款只有区区4000元，想要在北京买房似乎比走在大街上，突然被一千万砸到还要难，太不现实了。即便是节约再节约，每月存6000元，想在四环以内买一套100平方米的房子也要三十几年，在四环以外，最少也要二十几年。

然而，李丹现在认为，在北京奋斗的那五个年头可以说是浪费了青春和资源，回到家乡后才发现，原来家乡的天空和北京的天空一样晴，甚至比北京的天空还要蓝。

2. 北京高房价造就“蚁居一族”

这是一个容易被人忽视的中低收入群体，他们普遍受过高等教育，却大多数从事着临时性的工作；他们有理想和知识，却在现实生活中迷惘徘徊；他们是一个有着上百万规模的群体，却“蚁居”在狭小的空间里……他们被人们称为“蚁族”。

“蚁族”，并不是一种昆虫类群体，而是指国家大城市中一个鲜为人知的庞大群体，主要是指刚毕业的大学生或外来务工人员初到大城市寻梦，因为低收入而没有多余的钱租房子，更没有钱买房子，从而集体宿居在一起的人群。“蚁族”是对“低收入聚居群体”一种典型的概括，旨在比喻他们是有如蚂蚁般的弱势群体，就像蚂蚁一样，成千上万只地住在一起。

“蚁族”中的人们大多受过高等教育，主要从事临时性的工作，甚至于有的还处在半失业和失业的状态中。他们主要聚居在近郊农村或城乡接合部，“蚁族”催生了新型而又独特的“聚居村”。据不完全统计，北京至少有十万这样的“蚁族”，而在国家其他一线城市，比如上海、广州、深圳、东莞等地也都有大批量的“蚁族”人员，“蚁族”在全国至少可达上百万的规模。

北京市海淀区城乡接合部的唐家岭村是北京较大的“蚁族”聚居地。在过去几年里，这里原本只有3000人，但近年来却涌进了50000多人。

只要一下雨，唐家岭村的道路就会变得泥泞不堪，那里随处都可以看到乱堆乱放的生活垃圾，临街墙壁上贴满了招工启事、治病和办证等广告帖子，空气中弥漫着一股食物腐烂的气味。街道两旁有各种小商店，电器、杂货和服装等应有尽有，衣服20元、剪发5元、棉鞋15元，廉价是这个地方共同的特征。

因为唐家岭村生活成本低和交通便利，想当然地成了许多大学生毕业后首选的落脚处。两年前毕业于大庆石油学院的韩坤就是这里的一员，来北京三年，换了许多次工作，但月薪总是只有区区2000多元，韩坤说：“照这样的薪水，全年工资在北京买3平方米的房子都不够。”

韩坤“蚁居”在大约10平方米的房子里，屋子拥挤而凌乱，除了一张简易床、一台台式电脑、一张旧木桌、一盏15瓦的日光灯之外，再无其他家具。冬天屋子里供暖条件不好，他睡觉只好不脱外衣。韩坤说：“在北京生活太苦，希望有一个女朋友可以相濡以沫，但谈女朋友也是要花钱的。”

韩坤认为，房租成为唐家岭村村民们的“摇钱树”，他们为了获取更多利润，房层乱建乱搭，住房之间过道狭窄，一旦发生火灾，后果不堪设想。对于北京的交通，韩坤开玩笑似的说：“在北京挤公交车就像是打仗，你随时都要做好被挤成肉饼的准备。”

某理工大学通信专业毕业的程诚，在北京一家IT公司质检部门工作，月收入在4000元左右，除开一切正常所需开支外，在无病无灾的情况下，每月能存下1500元。

程诚也是唐家岭村中“蚁族”的一员，他和十几个不同公司的年轻男女合租在不足90平方米的房子里。他的房间是主卧隔离出来的不足10平方米的一间房，一张床就占据了大部分的空间，再摆上一台台式电脑，房间就显得更加局促。就这么一间四周用木板围起来的小房间，程诚还得每月支付500元的租金。对于这种居住条件，程诚内心不满地表示，只有这里离工作的单位较近，且租金比起其他的地方算是便宜的，合租的人是多了一些，但既然选择了北京，就应该坚持下去。

其实，程诚已经更换过六次房子了，有的是因为房东执意涨租，有的是因为租住地离工作单位太远，有的则是因为租住房面临拆迁或改建，而有的则是因为居住条件实在太差了，甚至连每日的洗澡水都供应不上。就像程诚曾经住过的地下室，不到10平方米的房间，不仅潮湿，且冬天睡在床上，靠近地面的背部冷得直哆嗦，而面部却因为空气不流通热得直冒汗。因此，租房合同一到期，程诚就改换地方了。

对于在北京买房，程诚毫不犹豫地说：“当然想买啊，在这个地方如此憋屈为了什么，不就是为了能在北京买上房子嘛，争取有朝一日成为真正的北京人，也让子子孙孙成为地地道道的北京人。”转眼间，程诚又很沮丧地说，如情况正常，他一月到头也只能存1500元，即一年能存1.8万元，在北京工作三年了，总共才存到4.5万元钱。而北京的房价简直高得离谱，他连支付首付的十分之一都不够，买房，实在有些异想天开。程诚还说，刚来北京时，五环以外的楼房一平方米还不到6000元，现在已经涨到10000元以上了。

“实际上，我们和农民、农民工以及下岗工人这三大社会弱势群体没什么区别，我们是聚居在城中村廉价出租屋内的社会第四大弱势群体。如果说理想是我们之间的唯一差别，我只想说，我已经没有理想了。”通州区做销售的王小惠这样描述她的“蚁族”生活。

在北京通州做销售的王小惠“蚁居”在唐家岭村一间不足10平方米的小单间里，每月300元的租金。后来王小惠在海淀区找了一份新工作，由于一时间找不到房子，她只好每天挤公交车转乘地铁，而且来回折腾近三个小时。往往是回到“小窝”时，已经疲惫不堪，一头扎在床上，什么都懒得做，甚至连饭也不想吃。对于和男孩子合租，她表示经常会遇到尴尬，早晨起床和夜里冲凉时，经常会在转角处碰到“衣冠不整”的合租男孩。王小惠无比沮丧地说：“当初，我怀着梦想，怀着希望，带着信心来到北京，对未来可以说是一片憧憬，然而，现在每一天的生活都在极其忙碌和迷茫中度过，但却不知道路在何方。”

3. 新一代地下室“蚁族”
——廉租房离我们还太遥远

在如此高的房价压力下，北京又形成了新一代地下室“蚁族”，即租住在地下室的人员。地下室“蚁族”绝大部分都是刚来北京工作的大学毕业生，或来北京工作不久且每月工资不足2000元的低收入群体。他们居住在地下室10平方米或不足10平方米的房间里，必备的一张床和桌子占据了整个房间大部分的空间；有的则是两个或三个人合租在地下室近20平方米的房间里，房间被两张或三张上下铺挤得严严实实，再加上各自的行李物品，房间里几乎没有可以下脚的地方。地面一般都是水泥铺就的，由于长年见不到阳光，房间里既阴暗又潮湿。

从20世纪80年代开始，北京结合地面建筑建起了大量的地下人防工程，但大部分人防工程都处于闲置状态，因没有专项资金维护，也没有专人管制，众多地下人防工程垃圾随处可见，杂乱无章，一片破败。为了改变地下人防工程这种恶劣的状况，在20世纪90年代，北京政府提出“以用促管，以洞养洞”的治理方针，鼓励大家使用地下人防工程，特别是对外来流动人口，由承租人收取一定数额的使用费。于是，当时的承租人开始利用地下人防工程建立地下出租屋，但那时的数量并不多。直到20世纪90年代末，随着外来流动人口大量涌入北京，地下人防工程得到了充分利用，到2004年时，北京已经达到了地下人防工程出租的高峰时期，此后，逐年递增。

湖南女孩李艾姐妹俩租住在丰台区附近的一间地下室中，租金400元，共有十几户人和李艾姐妹一起居住在这处地下室。李艾姐妹租住的这间最小，只有10平方米的空间挤着一张单人床，一台旧电视机屈居在门边，屋子里还搭着又旧又小的桌子，而且这个桌子需要承担的“任务”很多，比如白天切菜做饭、晚上放电视机和堆放日用品。李艾说，地下室的条件相当艰苦，地下室的屋顶总是无缘无故漏水，地面上也渗出水来，但是没办法，她们刚刚参加工作，每月工资不到1500元，在北京能租到房子已经很不错了。

在李艾所租住的地下室中，她们的卫生间都是公用的，里面用水泥隔出六个蹲位，不分男女。洗衣服的时候，总是有男女进进出出上厕所，特别是早晨上班前、晚上下班后，洗衣服和上厕所的人络绎不绝，从洗手间到外面过道，排着长长的队伍，就像是春节时火车站排队等候买票的长龙队伍一样。李艾补充说，地下室共有八十间房，共用一个厕所，洗澡堂一个，每位五元，一次限洗三十分钟。

在厕所的墙壁上，还贴着“已装监控，请文明使用”的标语，但租户对此并不介意。

然而，在区县两会期间，地下人防工程成为北京重点清理对象。在丰台两会上，丰台区副区长李昌安说：“丰台区将投入资金2.4亿元用于人防工程的清理工作，这2.4亿元主要用于地下室腾空后人员的搬迁、安置以及合同补偿等。”将人员清理之后的地下人防工程将设置地下停车场，以及作为各个社区里面公益活动的空间，但不再让人租住。

2010年年初，北京市民防局就曾制定了清理地下室的三年计划，在2010年年底，北京住房建设部还颁布了《商品房屋租赁管理办法》，并宣布将于2011年年初实施。《商品房屋租赁管理办法》规定，所有出租的房屋应以原设计的房屋最小间为出租单位，人均租住面积不得低于当地规定的最低租住房标准，而卫生间、厨房和阳台，尤其是地下室，一律都不准出租给人员居住。

与此同时，北京市人防局也加快了清退地下人防工程的步伐，在海淀区关于清退地下室召开的交流会上，北京市民防局局长王永新公开表示说：“从2011年开始，北京将用一年的时间，把所有地下人防工程中的租住人员清理完毕，今后的地下人防工程将逐渐公益化，不用于人员居住。”

然而，对于地下室清退的消息，租住人员表现得极其无奈，有人说：“如果真是这样，那我们又只能重新回到偏远的郊区，因为这里的房子太贵了，实在是租不起。”但即使这样，大多数人仍然表示坚决不会放弃在北京工作的机会。但对于地下室清退之后自己的安身之所，他们感到很迷茫。在了解到有廉租房之后，有人感慨地说：

“不知道这些政策何时才能落到我们外来人口身上，廉租房离我们还太遥远。”

据北京民防局统计资料显示，在北京居住在地下室中的外来流动人口有15万左右。而据2009年北京市建委一项统计数据显示，在北京1.7万套普通地下人防工程中，还“蜗居”着近80万流动人口。这项资料表明，在北京市中心地区的地下室中“蜗居”着上百万的外来流动人口。

他们白天为了生活而劳累奔波，晚上回到地下室小小的“窝”中，在如火柴盒一般大小的空间里，蜷缩着自己，也蜷缩着生活，等待着一次又一次的天明。而对于在北京买房，他们一般会说：“那是我初来北京时的梦，现在，梦已经被现实的生活彻底吞噬了。”

北京市民防局工程管理处负责人周响平说：“由于一些地下室承租人过分追求盈利，擅自改变了地下人防工程的结构，因此人均居住面积没有达到政府的规定，还有一些租住者在地下室违规操作电器，导致地下室火患频现，这么多人挤在如此狭小的空间里，其生命财产安全以及整个建筑物的安全无不令人担忧。”

事实上，早在2004年11月，北京市就曾公布地下人防工程的使用规定，不得擅自改变其空间结构，必须遵守消防、卫生、治安等条例，承租人利用地下人防工程从事旅馆、宿舍以及作为其他居住目的的，所容纳人员不得超过限定人数，房屋人均使用面积不得低于规定的4平方米等。2005年1月1日，该政策正式实施，但地下室管理不善、居住混乱的局面仍未完全得到改善。与此同时，随着地下室租住人员不断增加，地下居住者和小区居民之间的矛盾也日益凸显，不断有小区居民向物业投诉地下人防工程不按规定使用和扰民等问题，甚至还有小区居民无法忍受地下人防工程管理混乱，将物业管理人员告上法庭，因此小区居民们要求“清理地下居住者”，他们越来越强烈的呼声，不时见诸报端。

4. 北京住房远郊化，是苦苦坚守还是毅然离开

在热播电视剧《蜗居》里，海藻刚毕业来到江州找工作，当她感觉异常艰难并犹豫是否要回老家发展的时候，姐姐海萍对她说了一连串的话："家乡有什么好的，有现场音乐会吗？有国家博物馆吗？有世纪明珠塔吗？没有，一切都没有。但在大都市里就不同了，虽然生活节奏快，压力很大，但这些未尝不是生活的动力，努力去挣钱，挣回上海20000元每平方米的'金'房子，这是我一生的理想。人如果没有了大的理想，也就没有了生活的动力。而家乡的生活实在是太舒适了，它会磨灭我的年轻，销蚀我的意志，年轻人，就应该有勇气、活力和激情，要敢闯敢拼。再苦再累，我从来没有想过回到家乡发展，因为我不想做井底之蛙，而在家乡，就像是一只井底之蛙，会慢慢在温水中死去的。人会随着环境而改变，而我就适合待在这种大都市的环境中，奋斗，再奋斗。因为，我不想让自己这一辈子后悔。"

《蜗居》中海萍的话曾一度被北京白领们作为奋斗的目标，又或者说是一种催人积极向上的心态，而更多的则是对苦守在北京的中低收入群体的一种艰难写照。

钱丽娜于2005年大学毕业后来到北京找工作，大学还未毕业时，她就梦想着来北京发展，因为，她是中文系本科毕业生，她理想的目标是在北京找一份与文字有关的工作，比如高级编辑、图书策划类的工作。小钱算是很幸运的，虽也住过地下室，但来北京一年后，月收入从最开始的4000元涨到了6000元，半年后又涨到了8000元。此外，她还在网上做兼职，因此，她时常工作到深夜，后来又谈了一个男朋友，其月薪和她旗鼓相当。在工作五年后，即2011年，两人结婚，本想用省吃俭用的钱在大望路附近购买一套全新小户型住房，但是大望路一带房价一再上涨，一平方米都逼近30000元了，钱丽娜夫妇的置业梦也因此破灭。于是，他们只好退而求其次，在通州购买了一套一室一厅的二手房。钱丽娜无奈地说：“我们暂时先住着，这算是一个过渡房，等日后收入增多了，再把这个一居室的二手房卖掉，然后购置一套三居室的新房子。”

在北京，类似于钱丽娜夫妇这种中等收入的人不少，即便是这样的收入也被北京高额的房价远郊化了。2011年，大望路一带房价在30000元每平方米的基础上仍有高涨的趋势，东部通州五环以外六环以内的房价均已涨到每平方米20000元，二手房也已经涨到了每平方米1.25万元，而南部大兴的二手房已经涨至每平方米1.3万元，东南五环周围和北部回龙观等地区的二手房高至每平方米1.4万元。

至于撤离北京，还是坚守，钱丽娜自己似乎也难以抉择，她说："在北京买房的确是外来人口的一大难题，尤其是'蚁族'。大家都很清楚，家乡的生活节奏或许会轻松很多，但却没有北京繁华，况且，北京占据了首都的区位，各方面资源都具有绝对明显的优势。另外，北京是一座文明古城，有极其深厚的文化底蕴，为了以后孩子能享受更优质、更广泛的教育，我们想留在北京，但现实很残酷，只能再看看了。"

不难想象，她很迷茫。

根据北京统计局公布的一项资料显示，2010年1月至10月城镇居民年收入在20000元左右，城镇家庭年收入在50000元左右，如果按这一收入来算，要在北京六环以内购房，即便是购置一套二手房也要苦苦奋斗二十年以上。

亚豪机构副总经理任启鑫认为，在全国一线城市中，中低收入购房群体已经被高涨的房价挤到了远郊，这已经成了一个不争的事实。尽管近几年来，北京也加大了保障房的开发力度和建设范围，但能够取得保障房资格证的中低收入群体毕竟还是有限的，毕业留京的大学生和大量的外来人员也正面临着严峻的购房趋势，由于收入和购买力的严重不足和低下，这部分处在社会"夹心层"的群体不得不把购房的目标定在价格更低、位置更远或户型更小的郊区一带，这就造成了住房消费群体大量外移的现象。这种现象也促进了周边城镇和北京远郊一带房地产事业迅速繁荣的发展。因此，近年来，涿州、香河、燕郊和天津等地商品房的销量倍增，而购房的主体绝大部分是在北京务工的中低收入群体。而引发北京住宅远郊化的根本原因，归根结底还是北京高房价挤压导致中低收入人群置业外移。

任启鑫认为，政府在北京住房方面采取了一系列政策，比如加大远郊轨道交通建设力度，分散购房群体的需求，加大新城产业的规划，减少人口流量，避免城市摊大饼式的发展现象等。而这些办法虽然有用，但在短时间内恐难见成效，反而还会带来轨道交通沿线以及城市近郊房产市场的透支式发展，成为郊区房价节节攀升的助推器，而郊区房价提升的势头正是一种最好的体现。

对于这些一直坚守在北京的中低收入群体，他们能否在这个一线大都市实现心中最初的梦，又或者就像电视剧《蜗居》里面的海萍那样，为了心目中大都市的梦想，她付出了不亚于任何人的努力，然而钱来得快，花得也快，到头来，只能远远地看着那些博物馆和音乐会的广告，而心中那个华丽的世纪明珠，也不知道跑到哪里去了。

中国社会科学院的于建嵘教授说：“在国家一线城市高房价的生存背景下，随着社会的发展，可能会呈现更多的后果，但也不能太过绝对地说会引发某种后果或导致某种趋势。其一，如果人们太过于急功近利，或者是做了大城市的‘房奴’，难免会出现一系列社会病态现象，就如《蜗居》中的现象一样，不得不寄居在别人的身上，也不排除某些人为了下一代不再成为‘穷二代’会铤而走险；其二，社会也有可能朝着一种可悲的方向发展，但只要他们愿意，并朝着在别人眼里几乎不可能实现的目标坚持奋斗，这也是一个不错的过程。当然，这主要还是取决于当局者的价值观、人生观以及对生活的追求等。除此之外，有一点是值得肯定的，那就是在高房价的压力下，越来越多的年轻人对未来以及整个社会充满了焦虑感，无疑这种心态会直接影响到他们人生价值观的建立，乃至于对整个人生产生不利的影响。”

就像《蜗居》中海萍所说的那样：“如果生活可以是一卷录影带，我一定将它倒带到我22岁时，我会重新选择，选择我的爸妈、我的爱人和我的孩子，在家乡买一套不大不小的房子，就像影片中的慢镜头一样简单。因为，这才是我想要的。”

然而也正如海萍的丈夫苏淳所说的那样：“江州的店铺确实好，只可惜你买不起；江州的音乐会是悦耳动听，只可惜你一场也没有听过；江州是一座国际化大都市，只可惜你连这里的房子都买不起。”

5. 高房价催生新一代“裸婚”群体

在首都北京，这里算是众多年轻人争相涌进的大城市。面对令人又爱又恨的国家一线大城市，中低收入人群，尤其是蚁居一族，他们无时无刻不在做着艰难的选择。然而依旧有一部分人捂紧心中的梦想，对未来满怀期望，默默承受着生活的辛酸，并努力奋斗着。因为选择对他们而言，只是人生的开始。

房价飞涨，物价攀升。据了解，北京四环以内的房价，新房和交通便利一些的房子，已经涨到一平方米3万元以上，稍微旧一些的二手房，也要2.5万~2.6万元。而四环以外的房价，一平方米也要1万~2万元，二手房一平方米也要0.8万~1万元。

面对如此高的房价，许多北京本地的年轻人都无力自购新房结婚，更何况是没有站稳脚跟的“北漂”一族，买房或许就是一个极其遥远的传说了。对于奋斗在北京的中低收入群体，他们省吃俭用，结婚时能够买上一幢小户型的房子，哪怕是二手房，就已经算是很不错了。然而，买不起房子，甚至连二手房都买不起的人呢，难道这婚就不结了吗？结，当然要结，只不过是“裸婚”。于是，大城市的网友们高呼“‘裸婚’才是王道”！

“裸婚”是高房价压力下催生的一种新社会现象，它是指打拼在大都市的不少年轻人冲破世俗的观念，在没有钱买房的情况下，为了彼此坚定的爱情，勇敢地结合在一起。他们的信条是：“在大城市里敢爱敢‘裸’，夫妻并肩携手，即便是十万分的辛苦，也要在大城市里面生活下去。”

蚁居在大城市，年轻人选择“裸婚”也未尝不是一种生活态度，没有票子、没有房子、没有车子，能够为了爱情紧紧结合在一起，也算是一件很幸福的事。因为，幸福取决于当事者的心态。

正如昌平区的黄维谈道：“我和我丈夫打拼在北京，也是在北京‘裸婚’，从蚁居地下室到蚁居地面，再到现在租有一间30平方米的主卧，虽然这一路走来不容易，但我们感觉很幸福。虽然生活很不容易，但两个真心相爱的人走到一起更不容易，既然选择了北京，就需要两个人携手共同努力，互相理解和关爱，才能走向最终的幸福。”

对于黄维而言，“裸婚”裸出了幸福，然而，在北京裸婚的男女却未必都像黄维一样感觉很幸福。如朝阳区的张晓美夫妇，在裸婚不到三个月，彼此之间就出现了矛盾，半年后，矛盾不断加剧，最终导致了张晓美夫妇“裸婚”的解体。而他们之间的矛盾无非都由一些生活中的小事引起的，而这些小事却导致了他们婚姻的解体。这不免让人难以理解，究竟是“裸婚”的错？还是生活本就很现实？

在热播电视剧《裸婚时代》中，童佳倩和刘易阳两个人在没有房、没有车的条件下，彼此冲破双方父母的重重施压和阻拦，“裸婚”成功。但在“裸婚”之后的日子里，困难与矛盾纷至沓来。从他们为在谁家居住争得不休不止到旷日持久的婆媳大战，直到两个家庭之间的战斗打响，裸婚的童佳倩和刘易阳之间的裂痕越来越大，也因而体会到了“裸婚”的种种辛酸。

《裸婚时代》揭示了这样一个道理：“真心相爱的年轻人走到一起很容易，但生活却很难。如果对现实的生活没有充分的心理准备，再美的爱情也会经不起生活的折腾，从而向两个截然不同的方向发展。因为，站在现实的面前，人们往往显得无法自拔。”

的确，一句“裸婚”，没有房子的年轻人也能结婚，但婚后的一切事情却不是一句“裸婚”就可以解决的，因为婚后的每一件事情都与社会经济和物质基础密切相关。比如再正常不过的柴米油盐、生孩子、医疗保险等，哪一样不需要钱来支撑。此外，与双方亲人之间的相处也是考验“裸婚”这一类年轻人尤为重要的一道生活门槛，尤其是80后甚至于90后这一代的年轻“裸婚”群体。

虽然在80后、90后这一类人群中不乏众多的优秀者，但他们绝大多数都是独生子女，还有一部分是单亲家庭，因此，他们从小就受到家人的宠爱，一旦成了家，尤其是在三无条件下“裸婚”的这一类型，当他们天天都需要面对柴米油盐的杂事时，会很容易就被烦琐的生活细节所击倒，于是，最终的结果便是在茫然中“裸婚”，在迷离中离婚。对于这种现象，大家不得不承认，这个时代的经济和物质基础已经贯穿了人们生活的点点滴滴。

如果是这样，那工作在大城市的“三无”一族是不是就不应该

“裸婚”了呢？当然不是。虽然大城市生活的成本急剧上升，“裸婚”前，“裸婚”后，买房、租房都成了必须面对的一大难题。但越是在这种情况之下，“裸婚”的男女更应该相互理解与扶持，共同奋斗，争取在大城市买上房子，即便不能，退居二三线城市，只要共同努力，照样可以混得很好。

丰台区的陈川和女友在北京“裸婚”后，遭遇了现实生活的不测风云，当他们发现生活中的种种现实难以克服时，他们没有让“裸”出来的婚姻解体，而是经过商量，做出了明智的选择，那就是离开北京。因为他们在北京已经奋斗了五年之久，离开时固然也有诸多不舍，但这些都不重要，重要的是，什么样的生活才是最适合他们的。

陈川带着女友义无反顾地离开了北京，回到了家乡南昌发展，他们各自都找到了一份还算满意的工作，最主要的是，与北京相比，南昌的房价低得多，生活节奏也很安逸，没有那种在大城市的重压感。在南昌拼搏两年后，他们买上了房子，正在向车子奋斗。更重要的是，他们“裸”出来的婚姻在南昌得到了幸福的保障。

有人说，时下的“裸婚”是一种潮流，其实不然，“裸婚”是一种社会现象，它不需要得到所有年轻人的追捧，但它需要得到人们普遍的接受与理解。援引春晚小品中的一句话“有房不是家，有爱才是家”，相信，只要彼此相濡以沫地承受苦难，“裸”出来的婚姻一样会幸福美满。

6. 辛酸滴滴“房奴”泪
——房子“绑架”了谁的生活

房价，尤其是大城市的房价，像是坐上了云霄车一般飙升，随着房价飞涨的还有贷款利息，一个看似闪现着智慧光芒却又透着无穷辛酸的新词汇应运而生，那就是“房奴”。“房奴”又被人们称为“银行打工仔”或者“负翁”。

“房奴”一词最早流行于2006年。在2005年至2006年，房价节节攀升，特别是国家一线城市，市场上已经找不到中低价格的房产业了，高额的房价导致社会中低收入群体购买力严重下降。同时，中国人民银行分别在2004年和2006年宣布贷款加息，这无疑进一步加重了人们对房价的沉重负担，加重了人们对房价提升进一步的担忧。在高房价和高利率的形势下，人们担心会成为房子的奴隶，一辈子了房子而工作。如果中国通过超女制造出了“PK”一词，那么中国的高房价则制造出了“房奴”一词。“房奴”也就成为了中国房地产业泡沫的象征。

“房奴”，顾名思义，就是受到了房子的“奴役”，从而成为房子“奴隶”的一类人，它是指人们用按揭的方式购买房屋，每月还数额不小的“月供”。通常来说，“房奴”是指家庭每月负债还款额超出整个家庭月总收入50%以上的家庭，此类“房奴”家庭因为月负债额偏高，已经严重影响到正常的生活质量。依照国际上认可的还贷方法，房贷超过家庭月总收入的1/3是按揭的一条警戒线，如果超过了此警戒线，还贷将会出现较大的风险，并会影响到正常的生活质量。以目前国内的经济发展水平，还贷家庭月支出超出家庭总收入的30%就形成了还贷款过度的负担。据有关调查资料显示，在国家大城市中，有31%的按揭购房者月供超出了50%，这已经超出了国际上通行的住房月供警戒线。

现在的“房奴”越来越受到人们的关注，也有许多争议，他们背负着沉重的银行贷款利息，几乎用人生大部分的时间来供养大城市里面那一座让人又爱又恨的房子。为了成为大城市中的有房一族，他们的生活质量和家庭积蓄直线下降。原本，工作赚的钱是为了养家糊口，对于“房奴”家庭来说，却成为“养房子”。事实上，在国家一线大都市中，尤其是北京、上海、广州等地，购房已不单单是个人行为或夫妻行为，而是整个家庭、整个家族的行为。有人用一种“六一模式”来概括大城市供房的情景，即年轻夫妻、男方父母、女方父母总共六个人共同用多年的积蓄在大城市里面买一套住房，如果钱仍然不够，就按揭。

近年来，“买房”成了大城市一族奋斗的核心目标，且不知从何时开始，大城市买房一族的心态逐渐向“置业”靠拢，而不再满足于“够住”和“宜居”。在一项北京住房调查资料中显示，大城市购房一族的“置业”梦想是在“攀比”、“一次性到位”以及“投资”等想法下逐步形成的。但是，当他们真正实现了“大房子”的梦想后，很多按揭购房者发现，自己并没有实现梦寐以求的“高质量生活”，反而一天一天变得焦虑和烦躁，甚至于不敢生病、不敢轻易换工作、不敢娱乐、不敢高消费，就连日常生活开支也是省了又省。因为，他们内心一直有一种担心：“如果有一天钱不够了，或者是失业了，那每月的还贷怎么办？”这种担心是大城市按揭购房一族普遍存在的心理状态。

外来人口金杰是“房奴”中的一员，2010年12月，金杰在北京朝阳区买了一套100平方米的住房。拿到房产证的那天，金杰一副如释重负的表情，他说：“我终于不需要再租房子住了，我终于属于北京有房一族了。”然而，没过多久，金杰心事重重地说，月供2715元的房贷让他有些喘不过气来，正如报道上所描述的那样：“艰难地承受着‘一天不上班，就会被世界抛弃’的身体与精神的双重压力，不敢生病，不敢娱乐，除了买书以外，一切都是精打细算地消费，各种辛酸不足为外人道也，大城市‘有房一族’终于发现，自己不但没有成为八面风光的业主，反倒成了货真价实的‘房奴’。”

金杰说：“我常常在想，如果当初不买房，用在北京奋斗了八年的积蓄回到家乡生活，肯定可以生活得很好，在北京购置的这套住房的首付可以在家乡买一套‘别墅’型的洋房了。如果没有买房，我也不会生活得如此小心翼翼，不必承受原本不应该有的双重压力。如今，我实现了在北京购房的梦想，却丢失了人生最基本的幸福，甚至活得连人的尊严都没有了。我买到了什么？是大房子吗？不是，是压力，这简直就是一种悖论。”

金杰坦言，他经常问自己，在大城市买房真是一个美丽的错误。特别是对于像他一样收入水平的人而言，说买房是个错误，这一点也不矫情。从亲情的角度来讲，买房使含辛茹苦的父母遭受重创。自从坚定了在北京买房的想法之后，他没有再往家里寄过一分钱，即便如此，房子的首付他也付不起，因此只得求助父母。日渐苍老的父母不但没有得到子女的照顾，反而为了子女买房四处奔波劳累。况且，父母日渐苍老，还要为子女的事奔波，这无疑使他们“雪上加霜”。

金杰有些后悔买房了，他暗暗责备自己不应该急功近利，不应该抱着在大城市定居的梦想，因为外来人口在北京置业太不切合实际，可以说是一种“奢侈”的想法，也可以说是一种“病态”的行为。但是，金杰在想，如果不买房会是一种什么样的状态呢？那就是持续“蚁居”，成为“北漂”或“流浪”一族，买了房子却又成了“房奴”。如果要平衡两者之间的鸿沟，指望房价下跌不太现实，那就只有放弃当初那个大城市的梦想，回到家乡发展。问题是，房子已经买了。对此，金杰无奈的神情中流露出的更多是迷茫。

与金杰一样，吴亮每月的月供几乎瓜分了他一半以上的收入，每天被月供折磨得苦不堪言。在买房之前，吴亮的生活可以说是相当自在的，但自从背负了月供这一沉重负担后，他白天一心扑在工作上，夜里还在做兼职。当时，吴亮唯一的兴趣就是野外探险，这一奢侈的爱好占了他月收入的两成以上，而现在为了还月供，他不得不把这一爱好"埋葬"起来。

吴亮像无数月供购房者一样，担心的无非都是失业，失业之后月供怎么办呢？因此，他把工作当做自己的整个生活重心来对待。吴亮也无数次地后悔，为什么房子成了人生的负担？为什么自己成了真正的"房奴"？为什么生活会变得如此糟糕？吴亮说，他的生活像是被房子"绑架"了似的，不知道何时才能结束这样一个痛苦的过程。

7. 与其在大城市做“房奴”，不如回家住“别墅”

如此众多的人沦为“房奴”谁之过？是大都市购房者的心态？还是房地产市场暴利？对于大都市购房者的心态，相信不只是如今的“房奴”，几乎每个人都抱有到大城市居住的心态。而房地产市场的暴利，据相关媒体报道，在全国各地都有房地产项目的开发商透露说：“房地产行业的利润高得几乎无法想象，‘赚钱赚得我们都冒冷汗’”。

中国社会科学院的于建嵘教授说：“我不赞同大家为了买房子而变成‘房奴’，因为‘房奴’的生活实在太艰难了，整天提心吊胆，惶恐不安。”于教授补充说：“对于买房应该量力而行，不应该为了大城市的一幢房子，而让几代人的生活都受到影响。人更重要的是保持一种良好的心态，没什么大不了的，回到家乡买一幢房子岂不是更好。”

于建嵘还指出：“没有房子的人会产生一种无根的‘飘移感’，因为人都是要有根的，而房子则相当于人的根，没有房子就会产生一种不安全感。在越大的城市，这种感觉越突出，这大概就是都市一族购房的普遍心态。当然，也不可忽视攀比消费、迷信城市化、投资获利以及羊群心理等因素。但这些都是可以通过自身调节和改变的。”

在“房奴”中流行着这样的话“今天父母帮我供养了房子，明天谁来供养我的父母”；“生孩子，想都不敢想，房子还压在头上呢，生孩子就别过日子了”；“买了房就什么都不敢买了”。可想而知，越来越多的“房奴”被还贷压得喘不过气来，生活没有了一丝乐趣。

在成都有一套近200平方米住房的李娜感叹地说：“唉，不只是他们，曾经我也差点做了‘房奴’。”原来，当年雄心万丈的李娜也曾有过在北京买房的愿望。李娜毕业后就来到北京，拿着微薄的薪资，与人合租住在狭窄的小房子里，整天吃着盒饭和最便宜的饭菜，就为了那个华丽的“北京梦”，为在北京买房省吃俭用，精打细算。在北京苦苦奋斗近十年后，她正打算用省吃俭用下来的几十万元钱付个首付，不料却接到朋友的一个电话。

原来，李娜的一个朋友按揭购买了一幢90平方米的住房，首付也交了，但几个月过去，却始终没有拿到房子，连开发商也消失得无影无踪了。为此，李娜的朋友一家四处奔波，依旧无果，全家人都处于一种痛苦的状态中。又经过几番周折，终于拿到了房子，但与当初相中的户型差距很大。为此李娜的朋友在极度无奈之下，将开发商告上法庭，传单也已经发了，但始终不见开发商的踪影。无奈之下，只得接受现实，随之而来的是每月数额不小的月供，全家人都快崩溃了，而李娜的朋友甚至想到了自杀。

听完朋友的泣诉，她整颗心都悬了起来，但她劝朋友千万不要有自杀的念头，就像《活着》一书中所说的那样："活着，哪怕一无所有，也要活着。"

与此同时，李娜暗自庆幸自己还没有把首付交出去，否则，也可能和朋友一样无路可退了。当时，李娜就顿悟了一个道理："拿着买黄金的钱，去买一颗白菜多不值啊！"于是，她决定带着数目不小的首付款，回到家乡买一套更大、更好的房子。

如今，李娜在重庆购置了一套近200平方米的豪华住房，名牌空调、大冰箱、豪华电器，样样俱全，小区里的绿化和卫生环境也相当好，出门左走十分钟就是一所师资力量雄厚、设施完善的学校，工作的地方也不远，且交通便利。早晨起床，轻轻松松享受一顿精致的早餐，晚饭后，一家三口到不远处的公园散步。每到周末，所请的家政准时来打扫卫生，她则挎着小包去美容院做美容，还可享受一堂美容课。

与房价高、交通堵、空气差、节奏快的大城市相比，李娜说，这是一种何等惬意的生活啊！对于跟曾经的自己一样，省吃俭用想在北京买房的人，李娜感慨地说："那是何其艰难的事情啊。天天省、月月省、年年省，眼看着房子首付的钱快凑够了，可是房价却又哗地一下上升了，存钱的速度永远赶不上房价飞涨的脚步啊。这就好比是龟兔赛跑，兔子自认为精神得连眼都不会眨一下，结果呢，正输在打盹的时间上。"

对于那些坚信"宁要大城市一张床，不要小城市一间房"，正在为"房奴"做准备的都市一族们，大家应该换个思路，俗话说"树挪死，人挪活"，退一步海阔天空，与其在大城市做"房奴"，不如在小城市住"别墅"。为什么要甘愿当可怜兮兮的"蚁族"？为什么要拼命成为如牛负重的"房奴"？为什么不能回到中小城市发展生活呢？

或许，中小城市的生活没有大城市五彩缤纷、高雅情趣，没有《蜗居》中海萍所说的"精神会餐"、东方明珠，也没有北京的国家博物馆、国家大剧院，但却有着大城市不能比拟的低成本、慢节奏的舒适生活，便利的交通，清新的空气以及都市天空中难得一见的蓝天白云，最重要的是买得起宽大豪华的房子，和一家老小尽享天伦之乐。

当年，在首都洛阳做官的晋人张翰，他见秋风起，便思念家乡的鲈鱼脍、莼羹，最后毅然弃官回到家乡江南隐居。或许，有人会嘲笑他目光短浅、胸无大志，然而，他却是在无意之中领悟了生活与幸福的真谛。生活是什么？无非是吃、穿、住、用、行；幸福是什么，无非是在这些物质基础上或多或少的精神生活。而这些东西不只是大城市能够满足，小城市一样可以满足，何必要让短短的一生活得那么辛苦呢。

在市场经济和信息全球化的今天，大大加强了人们对资源占有的平等性，无论是在北京、上海等一线大都市，还是在二三线城市，只要打开互联网，对于信息的获取速度与内容几乎没有多大差别。曾经那个远到北京、上海等大城市大袋小袋购物的时代已经一去不复返了。真要说差距，小城市或小乡镇的确没有东方明珠和大型音乐会等奢侈的东西，但像“蜗居”一族的海萍们，有时间去听一场音乐会、去一次东方明珠吗？即便有，她们舍得吗？

尽管，《蜗居》中的海萍成了大城市有房一族，但她就真的幸运和幸福吗？她无非是将自己熬成了都市的“房奴”。每天醒来，脑袋里就跳出一串数字，月供、物业、孩子教育费、生活费等，这些费用每天至少要400元才能维持平衡。而这样的日子需要坚持三十年之久，在此期间，海萍害怕生病、恐惧失业、不敢有任何意外发生，而曾经那些东方明珠、大型音乐会之类的梦想，她连想都不敢想了。或许，小城市的人还能像海萍曾经一样，做做梦，但海萍连梦都不敢做了。

8. 宁要小城市的“一张床”，不要大城市“一间房”

自2005年以后，中国大城市的房价，尤其是北京和上海等国家一线城市，房价就像襁褓里的婴儿一样，日长夜大。

最初，一些年轻人满怀希望和信心，立志要在大城市有一番作为，但他们最终却发现，想在大城市安居乐业简直就是一个遥远的梦。普通的白领阶层再努力、再节省，收入也远远跟不上房价涨幅的脚步，于是，越来越多的年轻人，选择了逃离大都市，“逃离北上广”也成了时下一句流行语。

冯刚2002年毕业于西安某理工大学，2003年放弃家乡公务员的工作，来到北京淘金。2007年又重新回到了家乡，做了一名保险人员。2010年时，他已经是一家全国知名保险公司分部的副总经理了。

冯刚回忆起北京的生活时，感慨地说：“一线城市生活太辛苦，尤其是在北京。最明显的就是房价太高，真后悔当初去北京的选择了。像我们那样的白领一族，刚开始要住还不到15平方米地下室，并且那住宿条件实在太差，简直就不是人住的，好在后来工资稍微高一些了，与十几个年轻人合租在一个小区里，虽然也只有15平方米多一点，但比地下室要好得多了。每月省吃俭用，从不敢到外面贵的餐厅去吃饭，一月到头能存下2000元，已经很不错了。一月2000元，没什么意外，一年存20000多元，和北京购房的天价相比，估计要凑到猴年马月去了。况且，许多拥有北京户口的人都没有在北京买到房子。在北京我曾经的一个同事就是如此，40多岁了，有北京户口，但在北京一直没有房子。更何况，像我们这样没有北京户口的‘北漂’一族了。”

冯刚又补充说：“北京的房价高只是一方面，另外，空气和交通也很不好。在北京上班，一般来讲，工作单位离租住房都有一段距离，乘车转车一个多小时，是再正常不过的。如果工作单位很远，要坐上近两个小时的车，估计早晨五点就要起床，如果六点还不出门的话，照北京这个交通状况看来，肯定要迟到了。也有私家车上班一族，他们也好不到哪里去，远的话，同样五点多便要起床，七点前必须出门，不然路上肯定堵得一塌糊涂了。”

然而，回到西安后就不同了。冯刚说：“我一觉可以睡到八点，起来吃个丰盛的早餐，然后开着自己新买的捷达车去单位，只需要一刻钟，中途一般不存在堵车的现象。总公司曾经几次下命令，要调我去北京总部上班，还承诺月薪和年薪都会翻倍，但我执意不肯，不是我跟钱过不去，因为我实在是不想再去北京那个地方了。”

冯刚还说：“在北京那几年，国家博物馆和故宫我一次也没有去过，不是不想去，因为：一是人多拥挤，二是进故宫里面参观一次，至少也得花销几百元，估计好多北京蚁居一族也没有去过。但是回到西安工作稳定以后，我和一个朋友趁着周末去了北京一次，我们在长安大剧院看了京剧《失空斩》，又去参观了故宫和国家博物馆，在一家快捷酒店住了两晚。”冯刚感叹地说：“在北京度一个周末还是蛮有意思的，但是在这里长期工作和生活，倒未必能这样潇洒自如了。”不愿意去北京工作，还有一个原因，那就是家庭的因素。冯刚认为，现在的户籍政策仍然是壁垒，若是要孩子到北京上学，还得回西安参加高考。

目前，冯刚一家住在西安市区120平方米的房子里，他对现在的生活感到很满足，对未来也抱着更大的希望和信心，争取在日后买一套更大的房子。冯刚说，他的一个同事在西安购置了一套360平方米的豪华住房。冯刚感叹地说：“这样的生活是很理想的，但在北京也是难以实现的，就算是在北京收入不错的人群，恐怕也无法负担高额的房贷。”

于是，冯刚劝他的老同学放弃“北京梦”退居二线城市发展。但他的老同学却回答说：“二线城市有天安门吗？有故宫吗？有国家大剧院吗？有‘鸟巢’吗？能时不时地碰上明星吗？”对此，冯刚却反驳老同学说：“那些住在北京的人，有几个人经常去博物馆，去国家大剧院？见到明星是一件很荣耀的事吗？”

冯刚承认，自己也曾有过这样的想法，但无奈从北京回到西安后，他很快就明白了一个道理——选择在哪里工作与生活，就在于一个人的心态，心态决定一切。

对于老同学所说的“离开北京的人就是一种逃避现实、懦弱的行为”，冯刚有些无奈地说：“不是我们懦弱，而是那些大城市抛弃了我们，让我们重新做了一次选择。”

从北京回到天津发展的江伟也表示，宁要小城市“一张床”，也不要大城市“一间房”。江伟说，初到北京，租不起房，只得与几个同事一起租住在不足50平方米的房子里。挤挤也就罢了，但有的同事还经常不洗脚，下班了倒头就睡。有的同事则一进屋就抽烟，一般都是劣质烟。试想，在聚居的环境下，一个人不洗脚，整个房间臭气冲天；一个人抽烟，会导致整个房间里烟雾弥漫；所以，“蚁族”的生活真的是苦不堪言。

对此，冯刚和江伟都有一个共同的感慨——离开北京，他们找到了理想的生活，很幸福，也很满足，大城市能给他们的，小城市一样能够给他们。更重要的是，真正让他们生活得滋润的东西，在大城市却从来没有享受过。

相信，有这种想法的不只是冯刚和江伟两人，或许，许许多多告别大城市“蚁族”生活的人都有这种想法。因为，每个人都想要活得更轻松一些。

9. 房价暴涨，是谁买走了北京的房子

根据北京市统计调查数据表明，北京四环以内的房价已经涨到每平方米30000元，不但如此，北京六环以外的房价也已经涨到了每平方米10000元以上。一家房地产中介公司的销售人员说：“在‘两会’结束以后的两个星期里，北京的房价每平方米提高了3000元左右。”究竟是什么让房价不断升高？面对北京如此高的房价，究竟又是谁买走了北京的房子？

北京某楼盘售楼处的销售人员这样描述买房的火暴局面：“100套期房就有2000人登记，这是一个什么样的概念啊！”销售人员补充说：“两个月以后还有两栋楼将正式开盘，估计每平方米的价格在40000元左右。”此外，在西北四环一处楼盘销售处，一名销售人员透露说：“这是一个商业楼盘，只有40年的产权，且都是小户型，每平方米的价格在2.8万～3.2万元。这里面的最小户型是41平

方米，以最小户型来算，购房款也需要115万元。本楼盘开盘不到一个月的时间，每天都会有100多位客户前来买房，我们忙得连喝水的时间都没有。”

这位销售员还透露，前来登记买房的人群，他们是外地的有钱人（尤其以山西人居多）、北京本地人以及一些炒房团。销售人员说，一位来自温州的王慧女士在看了房子的当天，就一次性付清全部房款买下了一套。在购房的过程中，销售人员得知，王慧一直在温州做服装生意，生意做得很红火，钱也赚了不少，现在名下有几家服装分店，且在淘宝上也开了服装网店。王慧2007年在温州市购置了一套4居室的住房，总房款是60多万元（如果在北京，一套4居室的首付估计也不只60多万元）。房子户型和采光效果都很好，宽敞明亮，王慧一家三口在温州可以说是生活得风调雨顺。

看到销售人员满脸的不解，王慧说，她来北京买房，并不是为了居住，而是投资，即打算简单装修一下，就出租给别人。王慧说，北京现在买房的价格很高，首付就是一笔不小的数目，对于那些刚从高校毕业的大学生和中低收入群体而言，短期内在北京买房可以说是无能为力的。虽然在北京租房的租金也很高，但这是北京乃至于其他大都市的一个趋势，要在大城市工作，买不起房就只得租房住。因此，王慧和她丈夫看重了北京的房屋租赁市场，经过商量后，由她前来北京看房买房以及办理出租事宜。

对于未来的房产市场，王慧说：“房价可能还会涨，尤其是大城市，很多有钱人因投资保值，不惜重金买下一套甚至几套期房，导致北京市的住宅期房呈现出一种紧缺的形势，为了控制房地产买卖混乱的不良局面，房价估计只会有增无减。”的确，销售人员说，如今北京四环以内的住宅期房已经越来越少，在一些期房售楼处的外面，聚集了一大批二手房转租和买卖的中介，且有不少客户直接跟二手房中介去看房。在北京的大街小巷，也随处可见二手房中介。

根据北京一家房地产公司的统计数据显示，在2010年3月，北京期房住宅成交量高达25747套，这个数字与2009年同比增长了28.91%。而北京房地产交易管理网的一项数据表明，在2010年3月里，北京市期房住宅网上签约量直线上升，截至3月25日，单日成交量高达近700套，是2009年期住管区成交量活跃阶段的平均水平。

据北京一位房地产老总透露，2010年春，由于前面密集发布的政策，令楼市市场有了可观望的形势，二手房交易量也逐渐萎缩，房价上涨速度也有所放缓。从元旦到“两会”期间，受北京版“国11条”的颁布和房价舆论的环境影响，二手房市场趋于稳定。照这个趋势持续发展下去，北京的楼市市场会是一个健康的局面。

然而图行天下，2010年3月15日，“两会”才刚刚结束，北京市房产市场的节奏又被打乱了，楼市的状况也让人感到担忧，各售房部出现房价疯涨的局面。该房地产老总说：“北京市很多区域的售房市场和二手房交易市场挂牌价格迅速攀升，甚至有的地方还出现了一日一价的混乱局势。面对不断涨价的房产市场，众多的人纷纷加入到购房的大队伍中来，他们大部分都是有钱的外地人和北京本地人。一部分是为了投资，一部分是为子女置办产业。”

该房地产老总还介绍，在2006年以前，中国的股市一直处于一片泥沼之中，率先富起来的一部分人因为没有好的投资渠道，而潘石屹成功的预测让这一部分人翻然醒悟，房地产就是一个不错的投资渠道。此后，山西和温州等地的炒房团大举进军北京的房产市场，一出手就买一栋楼的情况极为常见。受到这些炒房团的影响，北京一部分本地人也开始加入到炒房的队伍中来。据一家房产公司统计数据显示，在2006年之后新建的一些楼盘中，投资客占据了购房总人数的四成左右，而房子到了投资客手中以后，有一个显著的特点，那就是在市场的流转性很高，几乎隔了不多长时间就会转手出租或变卖一次，而且出租、出售的时候基本上都是毛坯房，即“初装修房”，这些房子的地面和墙壁仅做了表面处理。

于建嵘教授说：“在高房价的背景下，越来越富裕的人对城市发挥着巨大的主导作用。”无疑，这是一个客观存在的事实。

某知名节目主持人采访了二三线城市众多的白领，其中一位女士说：“曾经在北京苦苦奋斗了六年，虽说有万分不适应，但总想这是实现梦想的必经之路，也就含泪坚持。每天挤公交、省吃俭用想在北京买上房子。时间长了，以为自己慢慢习惯了。后来才知道，不是习惯了北京的快节奏生活，而是麻木了。奋斗不是为了理想，而是生存。再后来突然发现，离开北京照样可以混得好。”

这位节目主持人说道：“其实，并非一定要挤在大城市中生活，与其在大城市苦苦挣扎，不如到二三线城市去轻松生活。近年来，国家的建设已经向二三线城市扩展，这是一种很好的现象，这样做会调整社会失衡的现象。比如现在发展很好的天津、重庆、江阴等，这些未尝不是人们最佳的选择。”

事实也是如此，大城市高压力、快节奏的生活，让北京、上海、深圳等地的“蚁族”和白领们纷纷移居二三线城市，寻找相对轻松的生活方式。从逆城市化的角度来分析，这无疑是一种进步的体现，至少在国家一些大都市中，有一部分人肯向二三线城市或小城镇转移，这将会更有利于城市人口的合理流动和治理。然而从公民个人角度来讲，这无疑是一种退步，而城市“蚁族”的穷困和白领们普遍的高压力，大城市恐惧症和亚健康的状态是造成人们退步的根本原因。

10. 从《蜗居》看房子与幸福，梦想离现实很遥远

如今大城市飞涨的房价，让不少追求幸福的人们怨声载道，愤慨不已，即便是那些已经拥有了房子的人，也被每月的房贷折磨得苦不堪言。于是，许多有房一族不免发出疑问，我们有了房子为什么还不幸福呢？

有房子就真的幸福吗？谈到房子和幸福，人们自然会忆起海子的经典诗句：“我有一所房子，面朝大海，春暖花开……”在这样的地方拥有这样一所房子，自然是幸福的，因为那是如理想般美好的地方，一个人可以选择接受、可以选择逃离、可以选择宣泄，但在现实中，任何美好的理想都有可能被残酷的现实折磨得体无完肤，因为理想与现实之间的距离是无法衡量的。

谈到大城市中理想与现实的距离，热播电视剧《蜗居》便是最好的体现。它贵在“真实”，讲述的不是故事，是数以万计大城市中

“房奴”的真实写照。如上文所说，绝大多数人一生的奋斗目标都是为了房子，因为房子是人的根，有了它，人就会感觉到很踏实，相反，则对这个社会有一种不安全感。所以，许多人用三辈的积蓄换取大城市一套安居之所，也因此成了真正的“房奴”。

正如电视剧《蜗居》中体现的那样，将年轻人买房的压力描绘得淋漓尽致，诠释了购房者辛酸和艰难的奋斗过程，且直击当下最热门的“房奴”、“美女”、“小三”等一系列社会现象，从而引起了社会上强烈的共鸣，而在这个时代背景下，“富二代”高调的征婚方式无疑颇具玩味。

“富二代”为寻遍“貌美清纯的校花”大张旗鼓，对此，他人固然无法妄加指责，但有一点是值得肯定的，那就是他们的家庭基础和经济优势占据了主导地位，就像在北京这样的大城市一样，富裕的人占据了城市的主导地位。相比之下，大学毕业生、中低收入群体乃至于“蚁族”们在爱情与梦想的追逐上，往往承受了不能承受的重担，在一系列现实的问题上，他们不得不面临放弃爱情、承受痛苦的残酷境地。

同时，在越来越激烈的社会竞争中，“学习好不如生得好，工作好不如嫁得好”的观念在大学女生与城市年轻女性中占有一定的比例，有的甚至高调宣称“做小三”、“傍大款”，这估计正是催生“富二代”们进高校征婚的重要诱因。当然，大多数女生并不会这样做，毕竟爱情是人生最珍贵、最美好的感情，谁又真的甘心将它轻易托付给金钱与权势呢？然而，尽管如此，她们也未必能选择心目中理想的对象结婚，因为，残酷的现实会将一个人的理想击得粉碎。就像

《蜗居》中的海萍一样，曾经理想中的世纪明珠和“精神会餐”等，到最后都被现实击得粉碎，连她自己也找不到了。

的确，现实是残酷的，快要踏出校园的大学生们，他们只能眼睁睁地看着“富二代”抢走身边的校花和美女，他们只是摇头表示“无所谓”。或许他们是观念上的开放，真的认同这一现象，但实际上，更多的则是出于一种无奈，对现实的无可奈何。他们即将面对的是走出校园后的艰难生活——大城市的地下室“蚁族”和“蜗居”生活，他们清楚，再美的爱情和理想，在血淋淋的现实面前，都会筋疲力尽，甚至斗志全无。为此，他们不得不选择对生活保持低调。

这就是现实，而大学校园只是冰山一角，在北京、上海等国家一线城市中，这样的事情层出不穷、屡见不鲜。据北京一家媒体报道，北京的恋爱男女中，每100对中只有10对能够步入婚姻的殿堂，因为双方父母不同意分手的占10%，因为性格不合分手的占20%，因为结婚买不起房子导致分手的竟占据了60%。每月收入近万元的高级白领在北京都很难买上房子，可以想象，普通白领、“蜗居”一族，以及还住地下室的新一代“蚁族”们，对于在北京买房无疑是异想天开。而谈恋爱和结婚都需要一笔不小的开支，买房和生孩子更是困扰都市一族的一大难题。因此，没有足够的金钱供应能力，在大城市生活可以说是苦不堪言。

有房、有车、有存款一族和“富二代”，与广大的“蚁族”、“普通白领”、“房奴”一族，他们是现实社会中截然不同的两个社会群体，不同的人生经历和经济基础决定了他们不同的人生命运，更使他们在理想与现实中形成了巨大的落差。

一位大学毕业后就来到北京的男孩说：“我已经在北京苦苦奋斗了五年，期间换了十几份工作。曾经，我是一个有理想、有远大抱负的人，但是在现实社会中，我感觉自己的理想与抱负正在被日益吞噬。而我在北京的朋友和同学，他们也频频地跳槽，普遍都说薪水太低，房租和物价太高，希望能跳到一份薪水更高的工作。然而，跳槽不但没有将薪水跳高，反而越跳越糟。在我的同学和朋友圈子里，有很多人已经过了30岁，但仍旧没有结婚。因为女孩子给出的最低条件都是有房才嫁，没房免谈。”

但是，在北京有车、有房、有存款的富贵一族就截然不同了，只要他们愿意，他们可以更换n个女友，购置一套甚至几套宽大舒适的房子，他们坐在“冬暖夏凉”的豪华轿车内，在红绿灯处，看着公交车里面拥挤的人群，而片刻的工夫，他们又驶出很远。他们如此美好的现实生活是“三无”一族奋斗的终极理想，然而，有一道现实的坎儿横在其中，即便是奋斗一辈子，也只是终极幻想而已。

这不是一个案例，而是一种极为普遍的社会现象。北方地产某名嘴所说的“丈母娘的需求”正是此意。在大城市中，恋爱男女或年轻夫妻俩准备买房，如果双方父母能够赞助一些，买房的经济压力就不至于那么糟糕，但如果双方父母都是拮据型，那么支付的主体便会落在年轻男女身上。

现实中，很多年轻人像《裸婚时代》中的主人公刘易阳那样，不顾一切也要和自己的女友童佳倩结婚，并拥有一套完全属于自己的房子。固然，有这样的理想并没有错，因为房子的确是每个人的追求，夜晚的万家灯火，无不触动着广大“蚁族”们的心。在经济条件许可下，购买一套喜欢的房子，和家人共享天伦之乐，的确是幸福的，而且幸福也是可以加倍的。但值得一提的是，再美好的理想也要结合现实，否则只会适得其反。

因而，在大城市有一座房子，并不一定会像海子的诗中那样“春暖花开”，更多的则是做了货真价实的“房奴”，而幸福已无处可寻。

并不是每一个胸怀理想的人都能够实现人生目标，在现实生活中要量力而行。当然，这不是让人抛弃理想，也不是让人抛开现实，而是让人不要一味地迷恋于大城市光鲜的生活，要结合理想，结合现实，给自己的人生一个准确的定位。

11. 惊！如何在月薪两千中“节省”出一套房

房子从古到今都与人们的生活有着紧密的关系，无论是在外经商也好，还是做官也罢，人们都会置上一处地产，盖上一座房子。因为人总需要一个遮风挡雨、抵抗严寒的地方。而如今，房价已经成了最显眼的词汇，很多人奋斗的目标很简单，那就是在城市里买上一套房子。但房价的飞涨，让这个原本简单的梦想插上了翅膀，飞到了更高的地方，因而变得有些缥缈。

现如今，许多年轻人“裸婚”、“蜗居”，看起来好似一个新潮流，细细想来却也不过是一种被逼无奈的选择。试想，如果经过三五年的积攒便可以拥有一套属于自己的宽敞明亮的房子，谁愿意蜗居在十几平方米的地方，又有谁愿意经常搬家呢。很多人在飞涨的房价下，只能与心爱之人租房在大城市中打拼。即使这样，何时才能住上自己的房子却依旧是个未知数。毕竟大部分群体都是打工者，更多的还是属于中低收入人群。这些人不满足于现状，更不满足于工资单上的数字，但在这个竞争激烈的社会中又无可奈何。他们每天都在心中计算怎样才能在有生之年供完一套房子，要怎样才能凑够首付，怎么挤出时间做一份兼职等。然而，他们却不知道在某些地方，正有人端着茶杯，细细品味杯中的茗香，遥望楼房的建设，那里正有他自己的一套。而这个人每月的工资只不过两千块。

一线城市的房子到底是用什么材料建造的，需要出售到一平方米30000元？为何四线城市的房价却只是三千多，相差十倍之多，难道四线城市的房子是豆腐渣工程？当然不是。究其原因并不在房子质量上，而是在土地上，因为一线城市是很多人眼里的宝地，很多人想在那里安家，而土地却是有限的，就像是竞拍，越来越多的人出价，其价格也就被抬得越来越高。一线城市的白领们心中总有一个烦恼的地带，那就是房子。然而四线城市的白领们却可以在闲暇的时光看书喝茶，体会人生。因为他们未来房子的总价连一线城市的首付还不到，他们无须整日绞尽脑汁地计算。

四线城市的白领杜鑫有着自己的一笔账。工作四年多的杜鑫已经开始认真筹划自己的买房计划了。他每个月的薪水并不多，只有2000多元，而年终奖大概也就两万多元。而杜鑫所在的城市房子均价在3500元左右。现在的他已经工作四年多了，有10万元的存款。他看中一套80平方米的房子，总价40万元，首付28%，再加上税费他的存款根本不够，但他从朋友那里借来一些，剩余的从公积金以及商业贷款中获得。利用公积金贷款抵除一部分月供之后，杜鑫每个月还需要靠工资还近600元的月供。600元占杜鑫工资的三分之一左右，虽然每个月他的生活变得有些紧张，但却充满了希望，就像是走在黑暗中，忽然看到了光亮，使原本疲惫的身体突然迸发出活力，步子也变得更加稳健。后来，杜鑫利用原本休息的时间，做了一份兼职工作，使生活变得更加充实。当杜鑫将新家的钥匙握在手中时，他回忆说：“那一刻突然感觉到了踏实。”而杜鑫的话中谈及的踏实，也正是许多租房人心中的伤痛。他们整日在城市中拼搏，待到夜深人静的时候，却只能在别人的房中度过，就连梦中也总梦到房子变动，自己满头大汗地紧急搬家，对于自己喜欢的装饰品又害怕搬家时弄丢或是碰坏，其心中满满的都是不踏实。

从杜鑫的实例中可以看到，房价飞涨确是事实，但在房价飞涨的同时也不是不可能利用每月的工资供养一套房子，然而这个可能却存在严重的地域差异。在四线城市，如果在一个公司工作几年以后，工资可以增长到2000多元，即使在外租住，扣除伙食费、生活费，那每个月还是能够积攒下500元甚至1000元的积蓄的。而且每年年终或是节假日公司还会发放一笔可观的奖金，这些都是未来房子的一砖一石，只要够了首付，通过银行贷款就可以提前“预支”到你梦寐以求的房子，那么，如何更充分有效地利用手中有限的“资”源呢?

因为资源的有限，为了更多的财富积累，自然就需要节省。而节省就要从“衣食住行”开始。

衣——在中小城市中自然也存在国际一线品牌，但相较之下，国内一线乃至普通品牌更多，因为这里的消费能力毕竟有限，然而当你穿着普通站在身着华丽的人中时，你自然显得有些“土气”，但若是站在一群全都普通的人中却显得十分自然。因此，在中小城市中即是如此，你无须花费大笔的钱财来购买国际品牌甚至奢侈品。

食——在中小城市中拥有许多私家小店，他们的店铺并不大，店内供消费者就餐的位子也不太多，但是那里经济实惠，也干净卫生，因为他们每日的进料不多，他们就像对待自己的食物一样对待消费者的食物，而且价格绝对低到让你眉开眼笑。

住——如果你在中小城市与一线大城市中都租住过房子，那么你心中就会有鲜明对比。在一线城市一间十几平方米单间的价格，用在中小城市你完全可以租住到一整套八九十平方米的房子。但这对于你一个人来说十分奢侈，所以你只需花费上二三百元就可以租住一间很温馨、舒适的房子。

行——中小城市虽然没有地铁，公交也不如一线大城市多，但是中小城市在租住房子更便宜、选择更多的条件下，你完全可以租住到公司的附近。即使稍远一些，你也可以自购一台单车，这样不仅节省交通费用，还达到了每日有氧运动，既环保又健康。

在中小城市不仅大大降低生活成本，而且质量也不会下降，相比一线城市的某些地方来说更加优越。在一线大城市，月入万元的人买房依旧很遥远。而在中小城市月入万元似乎有些遥远，但凭借有限的两千元工资，依旧能够实现拥有住房、拥有一个家的梦想。

第二章

在北京理想很“丰满”，但是现实很“骨感”

那些怀揣“大城市之梦”的人们，心中怀着美好而又远大的理想，来到北京这块繁华的土地上，希望他们的梦想能在这里开花结果，然而，在种种残酷的现实面前，他们的理想逐渐被击碎，他们也终于知道，北京的生活其实很现实，也很“骨感”。

海子诗里所说的“我有一所房子，面朝大海，春暖花开”，不过是理想中的生活，现实中是让人望楼兴叹的房价、痛苦不堪的交通，大部分白领们变身“过劳模”，而“白领民工化”的趋势也日渐明显。

在大城市里，越来越多的大龄剩男剩女连相亲也成了一种奢望，不是没时间，就是路途太远，或者是爱情被拥堵的交通扼杀在了路上。

然而，拥堵的交通扼杀的不只是城市年轻人的爱情，更重要的是人们的生命。据说，交通拥堵时，汽车所排放的尾气是车辆正常行驶时的数倍，其车辆所排放的一系列毒气，对空气所造成的污染，对人体的伤害可以说是巨大而又无形的。而相对于车祸与矿难等有形的伤害，空气污染可以看做人类在集体服毒，集体自杀。因此，北京拥堵的交通成了扼杀人们宝贵的时间和生命的第一“杀手”。这让不少在北京追求幸福的人们怨声载道，即便是那些有房有车一族，也被折磨得苦不堪言。人们不免发出疑问，“生活在北京还有多少幸福指数？”而这样的话题也已经成了北京、上海、广州等一线大城市人们议论的焦点。

1. 大城市之好与小城市之优的抉择

作为一个大学毕业生，思考最多的问题就是毕业以后去哪里工作。而在这个问题上，大多数毕业生都比较倾向于留在大城市工作，尤其是那些来自偏远山区的学生。在大城市的四年大学时光里，他们基本上适应了大城市的生活节奏，也习惯了大都市的喧闹繁华，因而他们不太愿意再回到贫穷落后的农村了。为此，有些大学毕业生宁可选择在大城市不辞劳苦地卖报纸、做服务生，也不愿去中小城市或偏远地区寻求出路。

如果以经济的发展水平为标准，大学生就业时在地域上的选择大致可以分为四类（不包括国外及港澳台地区）：一线城市，主要指北京、上海、深圳、广州四地；二线城市，包括各省会城市及青岛、大连、苏州等经济发达的非省会城市；其余中小城市，如湖南常德、湖北十堰；基层，包括县级以下的城镇与农村。

据统计，有63.6%的毕业生希望留在大城市发展，而仅有7.3%的毕业生选择去中小城市实现自己的理想。很多大学毕业生在选择就业地域时，首先想到的就是去一线城市，退而求其次会去二线城市，而当一、二线城市都无法企及时，他们才会考虑中小城市或基层。

古语云："梅须逊雪三分白，雪却输梅一段香。"大城市虽有大城市的优势，但不一定适合所有大学生就业；同时，小城市虽有小城市的不足，但是小城市所具有的一些特质可能恰恰是一些大学生所需要的。

因此，我们将大城市与中小城市做了简单的对比：

一、在大城市就业的四大优势

第一，大城市的就业机会相对较多。一般而言，大城市的基础设施完善，聚集了行业齐全的大量企事业单位。并且在大城市里，同行业的企业在数量上也有明显的优势。比如房地产行业，在北京现有4000多家房地产开发商，其中真正有开发实力的有近500家；而成都的1000余家房地产开发商中，能正常进行开发活动的却不足百家。齐全的行业和数量众多的企业存在着相当充足的空缺岗位，这就为大学生就业提供了更多的选择机会，从而使他们可以根据自身特长和个人喜好进行自主择业。

第二，大城市的工资水平相对较高。如果两个内在条件相同、能力相当的大学毕业生，在不同的地域和不同的行业就业，他们的工资水平是大不相同的，甚至相差甚远。如北京、上海等经济较为发达的一线城市，大学生进入企业后的基本工资会比一些中小城市高出很多。

第三，大城市给毕业生提供了良好的再教育环境。一般来说，大学教育只是一种基础性的教育，它侧重于培养大学生的批判性思维和提升大学生的自我学习能力，而工作所需要的专业技能和行业性知识更多的是通过再学习来获取。所以，再教育的环境直接影响到大学生以后的成长和自我增值。而大城市集中了众多优秀的高端人才，最先接触到先进的技术和管理知识，能够紧跟时代发展的步伐，这能让大学生不断地接触新鲜的事物，学习到更丰富的知识。另外，大城市里的企业能为大学生员工提供更多的系统培训和学习机会，同时也会给他们带来一定的工作压力，而这种压力必然成为员工自我提升的动力，从而促使毕业生全面提高自身能力与综合素质。

第四，大城市能够为大学生提供良好的创业环境和广阔的创业空间。在北京、上海等经济发达城市，拥有良好的法制环境、健全的基础设施和完善的产业链结构，兼有众多的高等院校不断地输出高水准的人才，因此云集了众多的企事业单位，同时产生了大量的人才需求。随着时代的发展，当今社会对专业化的要求越来越高，分工也越来越精细，而企业毕竟不是多面手，所以它的运作需要多个行业的配合。这时，思维活跃、能力突出、专业化知识丰富的大学生经过一段时间的学习和磨砺后，根据自身情况就可以成立自己的公司或个人工作室，以不同的创业方式实现自己的人生价值。

二、选择中小城市就业的九大理由

相比大城市而言，二三线城市虽然或多或少地存在一些不足和缺陷，但是有些城市所具有的优势也是那些高度发达的大城市所无法比拟的。

第一，生活质量可能更高。因为中小城市的消费水平相对较低，虽然工资水平不及北京、上海等地区，但相比大城市的高消费、高支出，在中小城市却能用更少的钱享受到更高质量的生活。

第二，中小城市的文化更突出。众所周知，所有的大城市都开始趋于同化。比如说，几乎所有因为怀念老北京的人重新回到北京的时候都会大失所望，因为随着现代化进程的日益加快，曾经的“老北京韵味”已经不知所踪了。相反，中小城市却在一定程度上保留了更多的风土人情和原始韵味。

第三，政策导向。近年来，国家相继出台了一系列的优惠政策，鼓励和引导大学生到基层和中小城市就业，如国家鼓励高校毕业生到城乡基层、中西部地区和中小企业就业，鼓励骨干企业和科研单位吸纳高校毕业生就业，对基层社会管理和公共服务岗位给予就业补贴等，这些优惠政策为大学生在中小城市的就业和创业都提供了有利条件。

第四，竞争压力相对较小。大城市里高等院校较多，随着一批批的毕业生选择在就读的大城市里就业，使得大城市群英荟萃、人才济济，从而带来了激烈的竞争和极大的竞争压力，而一些热门的工作岗位甚至出现硕士生跟大专生“抢饭碗”的情况，所以大学生在大城市里就业的优势就会大打折扣。而在中小城市则不然，一些中小城市的企业对相对稀缺的大学生还是比较看重的。

第五，产业转移为大学生就业开拓了渠道。随着一些大型企业和工厂向二三线城市的转移，其相应的人才需求也会随之增加，这样就为大学生们在中小城市提供了很好的就业机会。与此同时，国家倡导城镇化，小城市房地产和配套的服务行业也在迅速发展，因此中小城市的就业岗位也相应增加了很多。

第六，生存压力小。在大城市，衣、食、住、行各方面支出都很大，而且物价也频频上涨，薪资待遇却没有随着物价的上扬而有所增长，因此出现了房奴、车奴、孩奴、卡奴等。而且，在大城市的工作压力大，每天都提心吊胆，怕工作上出现小疏忽或者一不小心得罪了领导而沦落到被炒鱿鱼的地步。另外，大城市的生活节奏很快，可能会导致个人生活和精神状态失衡。然而相比中小城市，房价和物价水平都不算太高，生活节奏也可随意支配，因此不会造成太大的生存压力。

第七，环境相对较好。中小城市的生活环境较好，汽车的数量不及大城市，因此尾气的排放量在一定程度上得到了控制，对空气造成的污染也较轻，空气质量适中，同时交通压力也不大。而大城市却不然，比如北京，每天的早、晚高峰都会导致主干道车行缓慢甚至频频拥堵，而公交车也常常是人满为患。同时，北京的汽车数量也一直在增加，尽管政府采取了一系列的限购措施，但汽车尾气的排放量依旧不容小觑。所以，相比而言，中小城市有更适宜大学生就业的环境。

第八，创业成功率高。一般说来，大城市始终走在时代前列，行业基本齐全。因此，有些新兴行业在一线城市可能已经趋于成熟，而在二三线城市却还没有起步或刚刚起步。还有一些新兴的职业，诸如婚姻咨询师、会展策划师之类的，在大城市已经存在不小的市场需求，而在中小城市却还未崭露头角。因此这就给大学生的创业提供了便利，大学生可以借鉴大城市里已经成形的新兴行业的经营经验和发展模式，从而大大提高了创业成功率。

第九，有利于培养大学生的创新和冒险精神。近几年来，高校毕业生因就业在全国范围内的流动性不大，据统计，总体的流动率约为8%，这致使大学生工作地域相对固定，使得大学生丧失了一个青年人具有的开拓创新和冒险精神。而大学生去中小城市就业可以在一定程度上带动人才的流动，而且中小城市的地域限制和基础条件限制都可以使大学生的创新精神和冒险精神得到提升。

所以说，大城市虽然经济发达，并且存在诸多的发展机会，但一座城市毕竟有一定的局限性，它所能接纳的新增就业人口终究有限，况且就业人口的激增也会导致竞争更加激烈。然而中小城市的竞争却相对较小，生存压力和生活环境都比较适宜大学生就业和创业，稍加权衡，在中小城市就业并不逊色于在大城市就业。

三、就业城市选择的三大标准

在当前的就业形势下，作为一个大学毕业生，在选择将来的工作地域时，一定要结合这个城市的特色和发展状况，考虑自身能否适应这里的环境以及能否实现自己的梦想等问题。在此，大学毕业生可以从以下几方面着手。

第一，看城市经济结构。经济结构是每个城市都具有的，而且不会轻易发生改变，它决定着这座城市对各类人才的吸纳能力。比如，从杭州的经济结构来看，旅游业一直是发展重心，所以杭州对旅游专业的人才需求量相对比较大，因此旅游专业类的人才在这里的发展机会就比较多。假如一个重工专业的毕业生去一个旅游业发达的城市，恐怕难有用武之地。

第二，看城市文化。我们可以通过分析城市的文化是保守或是开放，来判断这个城市接纳外来人员的程度。对于一个完全开放的城市来说，它在各个行业都会对外来人员敞开大门；而相对较为保守的城市，它的本土化思想就会稍显浓厚，因此有一部分行业就会更倾向于聘用本地人。就拿国有企业来说，几乎每个城市的国有企业在用人上都倾向于本地人。所以说，毕业生选择在自己的家乡就业，进入国企工作的可能性会大一些。

第三，看城市发展状况。从通常意义上来说，一个城市的经济越发达，那么其中的竞争就会越激烈，所以那些高度发达的一线城市比较适合喜欢挑战、适应能力强的毕业生去大展拳脚。反之，去一些竞争压力较小的中小城市就业或许也是不错的选择。

在择业时，大城市与中小城市各有利弊，所以，毕业生应该结合自己的个性特征和自身情况，选择一种最适宜的生活方式，然后再考虑选择哪个城市。同时，还应该积极主动地去适应所在的城市，而不是等着城市来适应你，只有这样，以后的发展之路才会更顺畅。

2. 为何逃离“北上广”——盘点放弃大都市的理由

进入21世纪以后，北京举办了奥运会、上海承办了世博会、广州迎来了亚运会。然而，在“北上广”与世界接轨的同时，人们却因未能与“北上广”接轨而痛心疾首。繁华的大都市就如同带刺的玫瑰，人们迫切地想要拥有它，却又害怕被它的刺所伤。

与此同时，“逃离‘北上广’”逐渐成为社会流行语，而一线城市里的白领返乡潮与民工返乡潮的同时发生，也让越来越多的人突然发现都市白领和工地民工原来是同一回事。此时，对于那些在大城市的选择问题上内心纠结的人们，给你两个转身的理由——这个过程，对一个人而言是寻找自我的过程；对于即将离开或即将前往另一座城市的人而言，是建立信心、寻求梦想的过程。

一、一线城市缺乏人情味

近年来，一线城市的高房价一直让人们痛心疾首，虽然国家相应出台了一系列针对高房价的调控政策，但是“北上广”的高房价依然让很多人望而却步。而此时应运而生的城中村和城郊村的出租屋，更像是繁华的大都市给予弱势者的恩慈，因为这些恩慈，弱势者在一定程度上得以歇脚和喘息，以换得足够的时间和精力来打拼，从而赢得在大都市拥有更高品质的生活和更广阔的前途。而实际上，这些仅有的恩慈却在商业动机和一些环境的压力下，变得越来越造作和寡情。

有这样一种论调：城市是一种出身。据说，河北燕郊镇中华小区外竖着的一块偌大的广告牌上写道：“没有户口，怎么上好学校！”因此，人们在购买该小区的房子后，便像中秋节过后等待月饼降价一样，翘首以盼燕郊镇纳入北京市，希望从此以后能有个北京户口。

众所周知，“北上广”的户口矜贵，所以这些城市所在的相关部门便早早地就设下了门槛——尽管你吃在大城市、喝在大城市、住在大城市，但是你却没有这座城市的户口；尽管你拥有这座大城市里的房子，而实际上房子的位置距离市中心二十多公里；尽管你在这个大城市创造了一定的人生价值，事实上你的存款还不如二线城市里的人们。人们常常抱怨所在的城市并未真心将他们接纳，从而导致他们的生活方式在特定的层面上与一线城市的传统精神价值显得有些格格不入。

“一线城市是缺乏了人情味的荒漠”，或许过于夸张，而似乎又一针见血。人们对于大都市的爱，有时候换回来的不一定是同样的爱，更有可能是冷漠和鄙夷，甚至是吝啬给你展现才能的时间和机会。人们为了一份相对稳定的工作而东奔西走，最后却殊途同归——领着大城市的暂住证，住在狭小而简易的出租屋；每天一起挤公交、挤地铁的人从不怜惜你；时常为那份不稳定的异地感情而焦虑；人群中，每个人都行色匆匆，似乎都想走在你的前面；置身于灯火阑珊的街头，你或许突然对前途感到迷茫，突然觉得城市无处安放你的青春……你们在大都市用青春去奋斗，并一天天地老去，然而大都市却依然繁华，依然年轻。

相比之下，二线城市在受惠于一线城市的辐射性和产业关联性时，自身的独特优势和当地条件虽受到一定的影响，但并不会被夺走，如名胜古迹、优质的水土、清新的空气、自然遗产、文化遗产、非物质文华遗产、传统产业、相对便宜的投资、安居成本以及地方创新等。因此，二线城市往往因为宜居而被越来越多的人所青睐。比如，昆明因气候宜人而享誉全国，甚至有人夸张地说，昆明几乎每天都是春天；长沙以快乐而闻名，特别是“芒果台”和“超女”所带来的强大吸引力；成都以安逸闻名，据说，在成都为了赏一次桃花可能会出现十万人一同前往的现象。

更重要的是，大多数二线城市没有一线城市那么高的户口门槛，近似于不设限的城市，这对于投资创业者、创意产业族和产业工人都有着很广阔的需求。所以，有能力者很容易在二线城市获得机会和平台，成为“新市民”中的佼佼者，从而过上优质的生活。而工作中的突出表现，还有机会使自己进入全国视野，甚至能与大都市的精英们同享荣耀。

由此可见，在如今这个物欲横流的时代，一线城市或许是一部分人当前的主战场，或许收紧的一线城市能给予人们一定的优越感，然而宽松的二线城市却能创造属于人们的归属感，让人们在某种程度上找寻到心灵的慰藉。

二、一线城市生活压力大

种种迹象都表明，"北上广"群英荟萃而又暗藏危机，可以说"北上广"是一个冷漠江湖。而自古以来，有江湖就有险恶，因此常常出现各种各样的危机，如经济危机、情感危机、人际危机等，当然来自多方面的压力也是无法避免的。

据不完全统计，2009年我国大学毕业生人数已经高达600万，而就业率仅为74%。也就是说，有近30%的大学生在他们毕业的同时又意味着失业。而随着越来越多的大学生把一线城市作为首选的就业地域，这无形中加剧了"北上广"的就业压力和生存压力。而"北上广"的就业岗位毕竟是有限的，如果经济的发展不能够创造出有效的就业需求，那么人们无疑会面对更加严峻的竞争形势。值得注意的是，就业机会和就业条件都是由产业结构来决定的，当一线城市无法提供适当的就业机会时，人们应该理性地选择离开，并在二三线城市寻找相应的就业机会。

同时，一线城市的交通压力大，这是显而易见的。比如，在平时北京环线上都频频拥堵，更别说是在上下班的高峰时期了。尽管政府近年来也出台了一系列调控措施，如尾号限行、汽车限购等，但交通压力并没有明显好转。这也让一线城市和二线城市存在着明显的差别：二线城市在三十分钟能抵达的交通半径范围内，都可以满足日常生活各方面的所有需要。而“北上广”可以说是分裂的，甚至可说它们是由几个小城市组合而成的——蚁族们从行政概念上讲是属于“北上广”，而实际上他们住在远离市中心偏远的地方，再考虑交通的压力，必然会有很多时间浪费在路上，以至于他们不得不加快脚步。因此，大都市的快节奏也让不少白领“蚁族”们都感慨万千：路过的不是风景，而是我们。

有一项调查显示，在一线城市，有75%的人傍晚六点至八点吃晚餐；而在二三线城市，70%的人下午五点至七点吃晚餐。可见，一线城市虽然有白领文化，但是白领们却没有充足的时间去享受——如果白领们每天耗费两个小时的时间在交通上，一年算下来要用去三十天的时间；而二线城市没有艺术电影院，也没有话剧小剧场，人们却有很多闲情逸致，他们可以在晚上比白领们多看几个小时的电视剧，在早上多睡一个小时的懒觉。

事实上，在人们把视线紧盯在一线城市的时候，二线城市并没有因为被忽略而止步不前。殊不知，你在大都市奋力地想从众多的蚁族中突围，二线城市也在昂首阔步地朝着大都市的方向迈进。放眼国内，大多数的二线城市都做着类似的动作——招商引资、吸纳人才、扩建城市、定位目标、整合区域资源等。

随着互联网的发展带来了信息高速路，由此使得二线城市与一线城市的资讯趋于同步，而传统意义上的信息不对称也逐渐被消灭。伴随着商业连锁的产生，全球化品牌已经在二线城市抢滩登陆了，这些国际品牌和全国性企业在诸多二线城市找到了落脚点并开枝散叶，这样就使得二线城市与一线城市的消费也同步了；城际快线的建设和地铁的公交化，28个城市申请建设地铁的规划获得批准，让二线城市与一线城市在人流、物流方面也开始趋于同步；而都市圈的诞生，也让二线城市的资源与一线城市互动互补，使得一线城市与二线城市成了一个生活共同体。

与此同时，嗅觉敏锐的地产巨头也已将目光移向了二线城市——在他们看来，当前的一线城市地产已经趋于饱和，要争也只是争空间；而二线城市的地产如含苞待放的花蕾，看谁先闻其香，因此争的是时间。于是，物色一个有潜力的二线城市，考验的是放眼未来的视野和以时间换空间的智慧。因此有人说，要想在工作和生活中寻找中庸之道，就要寻找介于一线城市与二线城市之间的“1.5线城市”，因为它们或许能在不久的将来变成繁华的一线城市。

关于青春的轨迹大抵都有一些相似之处——也许最理想的状态就是能够在自己满怀激情的时候去一线城市谋取发展、建功立业，到了疲惫之际，降落在二线城市，寻求内心的平和。这些“职业候鸟”最终前往二线城市已经成为趋势，而二线城市也不再是落魄者赖以重新振作的心灵道场，它们同样都充满了机会——在过去，人们也许会认为出生地决定了一个人命运；而时至今日，城市的迁移实则只是人生中一个很小的转折，无关成败，也无关前途，也与国家选择扶持哪个地方先富起来无关。

在相同的时代背景下，一线城市潜在的生活压力和快节奏使得当地的诸多机会在一定程度上打了折扣，而二线城市各方面的

条件让机会的质量得到了不同程度的提升，如果“蚁族”们抓住了这些机会，就有利于他们早日实现自己的生活理想，从而过上自己理想的生活。

3. 白领变身“过劳模”——梦魇笼罩下的大都市

据《中国青年报》一项社会调查资料结果显示，有71.7%的人认为如今的就业机会少且难，而对于未来十年的就业趋势，有51%的人认为会越来越糟糕。尤其是在大城市中，如北京、上海等地，如此严峻的社会形势，不但威胁到尚未就业的人，同时也给就业人群的身心造成了极大的压力，因为，他们害怕被解雇。于是，《中华人民共和国劳动法》明确规定的工作时间，对于城市白领来讲，便成了奢望。而一天工作十几个小时，牺牲双休日和节假日，熬夜乃至通宵的现象，成了城市的一种常态。

“过劳模”是流行在网络和大都市的科调侃新名词，意思是过度劳累的模范者。在大都市里面，“过劳模”的代表主体就是很多人所羡慕的“白领”一族，他们以牺牲个人休息时间和国家法定休息日为代价，用一种拼命的姿态去工作，他们几乎是三餐不定、睡眠不足、压力过大……他们的工作强度堪比“劳模”，可谓有过之而无不及。根据北京师范大学对北京和上海等国家四大城市的调查结果显示，已经有超过70%的白领一族成了货真价实的“过劳模”。

在北京丰台区上班的闫文说：“自从2009年来到北京一家外资广告公司上班以后，我就再也没有晚上十点前睡过觉了。早晨八点上班，中午一个小时的休息时间，傍晚六点下班，每天加班至少两个小时，周末不是继续工作就是去‘充电’。”闫文说，想要在公司中更具备竞争力，或者是未雨绸缪，以防落于人后，就得在工作之余挤出时间不断学习和进步，因此，充电成了城市白领一族们业余时间里最重要的事情。然而，昂贵的培训费也让诸多白领们感觉压力很大，于是，网络上流行着“谁来为白领充电‘埋单’”的说法。

闫文说，在北京上班半年以后，她时常感觉到胸闷，她一直计划着去医院检查，但总是挤不出时间来。闫文补充说：“每天夜里十一二点，CBD（北京主要商业活动聚集的地区）的大小写字楼里灯火通明，写字楼下面整齐地排列着载客的出租车，因为出租车司机们也知道，辉煌的写字数里是一个又一个在超时工作的白领，于是在出租车司机们口里流传着‘城市灯火通明，白领憔悴’的话语。这句话一点也不假，是城市白领一族过劳生活的真实写照。”

有人曾用“三中”和“三高”来形容城市中的“过劳模”，即中层、中坚、中产，高学历、高职位和高压力分子。通常，他们的工作量和强度远远超出了正常的“敬业”标准。

在城市白领中流行着“四保证”，其无比形象地描绘了“过劳模”异常劳累的工作方式，即礼拜六保证不休息、礼拜天休息不保证、保证中午不回家、晚上回家不保证。使得传统的朝九晚五的工作制度也成了“朝九晚‘无’”。

在国内一家门户网站上，他们曾经对白领过度加班的现象进行了一次民意大调查，结果显示，在近7000名城市白领调查者中，27%的人偶尔加班，经常加班的高达64%，而加班超过两个小时的高达78%，但加班能获得超时补贴的仅仅只占17%。

据上海一家人力资源公司调查显示，尽管《中华人民共和国劳动法》明文规定劳动人员每日工作时长不得超过八小时，平均每个礼拜工作时长不得超出四十四小时，但上海仍有42%的白领每周工作时长超过了五十个小时，而越来越多的白领一族出现失眠、多梦、焦虑及记忆力明显衰退等症状。上海社会科学院也表示，上海市白领人员的工作现状呈现倦怠状态，有近40%的白领人员对工作和生活表示疲倦。

还有一些白领表示，在越来越高的物价和房价趋势下，他们每月的薪水只够养家糊口，在大城市买房、让子女长期在大城市接受教育，是一种梦想，也恐怕只是一种幻想。更重要的是，他们因大量的工作付出了翻倍的时间和精力，身体已经严重透支，甚至有些人疾病缠身，总是因为没有时间去医院检查，而一拖再拖，得不到及时医治。用白领们自己的话来形容，即“前半生用命博钱，后半生用钱买命”。

可以肯定地说，如今越来越大的社会压力是引发“过劳模”的重要因素，飙升的房价、激烈的竞争迫使人们丝毫不敢懈怠，从而也造

成了人们精神高度紧张，致使许多白领在进行职业和人生规划时，不切实际地为自己定下了超出自身承受力的目标。

同时，人数庞大的就业群体，迫使他们不断承受生理和心理的挑战极限，因为，你不愿意把休闲时间牺牲在工作上，老板可以再另请他人；你要有加班费才肯加班，那么不给加班费也“自愿加班”的人很快就会超过你。在城市白领一族中有着这种说法：“你若不把吃饭的时间也用在工作上，老板可能会让你连吃饭的碗也失去。”

于是，社会上顺势出现了一种“床垫文化”。“床垫文化”是华为公司提倡的，这个公司为每个工作人员量身开发了一张床垫，午休可以席地而卧，加班通宵席地而睡，累了睡，醒了接着干。而“床垫文化”竟然也成了该公司人员工作精神的象征。一位华为白领说：“从踏进公司第一天开始，就必须做好把脑力和体力发挥到最大值的准备”。

那么，“过劳模”的后果是什么呢？那就是可怕的“过劳死”。最初“过劳死”的现象源自日本，指因工作时间过长、工作强度过大、工作压力过大，且长期处在一种筋疲力竭的“亚健康”状态，直至猝死的人。

北京师范大学许燕教授指出，在北京、上海、深圳等大城市，“过劳模”的现象犹如雨后春笋，尤为突出。职业师车宁分析认为，客观而言，大部分的“过劳模”人员最初往往会觉得自身状况可以胜任强大工作而超时、加大工作量，但几年后就会进入“能量耗尽期”，这时，“过劳模”就会误以为工作还不够努力，由此加大工作强度，从而形成恶性循环。如果不对此加以引导，很快就会进入“受创期”，最终导致“过劳死”。

据估计，每年“过劳死”的人员高达60万人，但仍有人们在超负荷地工作，尤其是身心压力巨大的白领一层，“过劳死”也显现出急剧上升的趋势。有女主播倒在演播室、职员倒在办公室，也有高校中青年教师倒在讲台的事件。而2011年4月，“微博”上有一篇关于“普华永道女硕士过劳死”的帖子成了网友们热议的焦点。纵然女硕士之死存在着争议，但无论是否是因为“过劳死”，这起事件将一直以“工作时间过长、工作强度过大、工作压力过大”而著名的全球四大会计事务所之一推到了风口浪尖上。

由此可以看出，人们工作与生活的压力越来越大，尤其是在国家一线大都市中，白领阶层们的工作与人生俨然受到了极大的考验，其理想的明天在哪里？

4. 白领正在“民工化”——理想再高，高不过大城市“四座大山”

对于“前半生用命换钱，后半生用钱换命”的说法存在着许多争议，有不少人认为，这句话是不恰当的。从严格意义上来讲，的确如此，因为，钱可以用生命去换，然而，生命却是任何东西都换不来的。尽管如此，这句话却仍旧成了都市白领一族们真实生活的写照。

越来越多的白领阶层认为，他们和城市农民工没有什么区别，甚至比农民工更辛苦，而拿到手的薪水也未必就比农民工多。因此近年来，“白领民工化”的说法不胫而走。

“在北京，我就是农民工”，面对亲朋好友们的艳羡，在北京月薪6000元的IT行业员工林凡委屈地说。或许，在二三线城市人员的眼中，月薪6000元已经不少了。但在北京，像林凡这种月收入的人则被定义为“中产阶级”的务工者，而他们也自称“农民工”。高学历、高素质、高收入的IT业一马当先，率先提出了“IT民工化”的说法，于是，“画图民工”、“民航民工”、“绘画民工”等说法接踵而至，他们有一个统一的名字，那就是“白领民工”。原本，这些都是笼罩着城市光环的职业，然而在国家一线大都市中，“底层感”正以一种无法避免的姿势侵蚀着中产阶级，尤其是本应该自豪的白领一层，然而大城市白领普遍民工化的趋势却急剧上升。到底是什么让他们自认为职业“底层感”呢？

事实上，如今城市的白领一层，同样被住房、教育、医疗和孩子奶粉钱这四座大山压得喘不过气来。利益制衡机制的缺失，导致他们在居高不下的房价前黯然神伤，走在都市繁华的街头，感受着深深的落寞，也只能把那个“买房”的念头深深埋在心底。一旦患一场大病，高额的医疗费便足以将一个普通白领击倒，而沉重的教育负担也使越来越多的白领夫妻暂时选择“丁克”（夫妻务工暂不要子女），从而连最基本的扶老携幼的愿望都不敢“奢望”。由此看来，大城市白领阶层们的生活真可谓“底层”，而“白领民工化”这一说法也可谓“名副其实”了。

在这四座大山的重压之下，职业危机感成了白领们“底层感”的重要来源之一，据北京市统计局调查结果表明，在北京生活的人最关心的就是就业和失业的问题。高校扩招带来了人力资源相对饱和的局面，然而不正规的用人制度却处处可见。职场如战场，人人自危，白领们丝毫不敢懈怠，更不敢浪费时间，否则将面临被公司淘汰的局面。同时，残酷的职场“拼杀”日渐兵临城下，白领们唯有双倍地付出。他们不得不把周一到周五晚上的时间毕恭毕敬地奉献给工作。好不容易盼来周六周日，也必须用来“充电”。于是在“前半生用命换钱，后半生用钱保命”的呼声中，“底层感”被呼之欲出。

某周末，白领赵朋下楼去车站接一个朋友，忽见楼道的墙壁上贴着一则告示：“请房东速带外来租住人员办理暂住证”。刹那间，赵朋心中的“底层感”呼之欲出。赵朋想，即便是生活的格调与细节也难将自己与民工区分开来，就因为同属“外来务工者”。

近年来，随着大城市房价飞涨，消费水平也日趋升高，租房也成了大城市外来人口面临的一大难题，而“白领民工化”的表现形式也日渐明显。据调查，随着房价的直线上升，廉价的地下室成了一部分白领们的租房首选。

在“58同城”房屋求租栏目中，求租地下室的帖子很多，其中有一篇帖子写道：“本人是普通白领，薪水有限，求租地下室一间，要求有厨卫、简单家具和网线即可。”同时，在出租栏目中，也有很多地下室出租的信息，房间面积各不相同，月租在150~560元。

一位在地下室居住的白领王阑说：“地下室不再是民工们的专属房源，我是白领，但地面上租金太高，也找不到合适一起合租的人，只能这样了。在大城市生活成本太高，寸土寸金，样样都需要花钱。”

在北京著名英语培训机构上班的钟宇表示，他目前正和女友住在单位附近的一处地下室。其实，他是名牌大学毕业生，在北京每月能拿到6000元的工资，但是附近地面上一居室月租金也要2500元，女友觉得实在太贵，于是选择了这套一居地下室，月租800元。现在，他和女友只希望拼命工作，多积攒一些钱，几年后回到老家结婚，在二三线城市发展，再也不来北京了。毕竟，大城市的生活成本太高，生活太艰辛，白领们就跟农民工没什么两样。

农民工，一个与城市生活息息相关的弱势群体，他们在人们的眼中或许很渺小，甚至在不少人的眼里，有些卑微和不屑一顾，然而，谁能想象，就是在这样的一个弱势群体中，一些技术型农民工每年的收入已经超出了10万元，这个数字与城市光鲜一族的白领的年收入不相上下。而近年来，建筑工地为了留住工人，一些老技术农民工的年收入超过了15万元，不仅如此，建筑工地上农民工的生活与居住条件也比以前提高了许多。城市不少“蚁族”们对此感到羡慕，就连不少城市白领也表示，城市农民工愈渐“白领化”，而白领正在“民工化”。

湖南来的石军在北京某建筑工地从事水泥工的工作，月薪约在5000元。石军跟人们心目中又累又脏的农民工有些差距，他穿着灰白色的T恤和黑色牛仔裤，双手插在裤兜里，显得干净利落。2002年跟着同乡来到北京，跟着一名包工头在建筑工地做工，2010年刚满30岁的石军已经成为一家建筑队为数不多的固定建筑工人。

石军透露，现在的普通民工每天都能拿到150~180元，技术工和装修工的工资相对就要高得多了，他们每天最低也能拿到300元，一方面是因为他们干的都是技术活；另一方面是因为有些工作在高处，风险大，不出高价，谁也不愿意去冒险作业。其实这样的工资根本不高，现在城市农民工就这个行情，不像城市白领阶层，价格再低也会先工作着。石军补充说：“大城市生活成本高，压力大，且农民工普遍被歧视。明年我也打算回家乡发展了，大城市真的不是无产阶级和中产阶级待的地方，与其风餐露宿，遭人白眼，还不如回到家乡找份轻松的工作，过简单的生活。”

在城市农民工中，有不少民工反对人们将他们视为农民工，甚至有的民工公开宣传：“民工也是人，而且是城市真正的白领。”据说，现在年纪轻轻就结婚生子的两大群体就是民工和公务员，看到疲惫不堪，一脸剩男剩女相的城市白领们，有一部分民工不禁发出感叹：“都是一辈子，何苦呢！”

5. 交通拥堵是扼杀人们宝贵时间和生命的第一“杀手”

城市越大，交通越堵，尤其是国家一线大都市，交通拥堵的现象更严重，而汽车排放的尾气也是形成空气污染的罪魁祸首之一，因此，交通拥堵的现象成了扼杀人们宝贵时间和生命的第一“杀手”。

近年来，北京交通拥堵的现象，已经令所有常住或临时居住在这个大城市的人们头痛不已，而且无比愤恨。国道上是车，停车场里是车，就连人行道、胡同甚至小区里的绿地上也都是车。北京完全变成了一个车的世界，整个城市的空气已经被车子排放的废气弥漫。没错，车是现代化人类的代步工具，方便、快捷和舒适。然而，正是车打乱了北京人的生活，今天的北京就像是遭遇了一场狂风暴雨，又像是一场瘟疫，整个交通一片混乱。

北京市的主干道，尤其是五环以内，几年前还能分出早晚高峰期，如今从早六点到晚十点，几乎每时每刻都拥堵得不可开交，更不用说遭遇交通事故和交通管制了。汽车给北京人带来的不是快乐，而是痛苦；不是幸福，而是灾难。所有的生活规律和社会秩序都被混乱的交通打破，应急出动的警车、救护车、消防车也通通都无法幸免，陷入一处“沼泽地”。其后果会怎样，可想而知。

曾经，在北京东五环发生的严重交通事故，导致几人死亡。他们并非无法医治，而是因为救护车遭遇堵车延误致死。这只是一种表面现象，但更深层次的呢？人类宝贵的时间都是由一分一秒组成的，如果每一条路堵上十几分钟，甚至几十分钟，或者几个小时，一个人的时间有多长，如此算下来，每天北京人有多少时间被浪费在交通上。长此以往，一个月，一年，十年……将有多少人为此付出沉重的代价。

有分析人士指出，在北京，一个人平均每天浪费在车里的时间近四个小时，这就等于少了四个小时享受学习、工作以及生活的机会，从而竞争力和生命绩效也随之降低。分析人士认为，人们应该留有更多的时间去享受生活。然而，不少北京上班族表示，工作单位远，工作量大且强度大，身心被工作挤得满满的，哪里还有多余的时间去享受生活。于是国际上提出了十五分钟步行圈的人生观念，即1/2英里，大约为800米。在中国可以以500~1000米为半径，即2~3平方公里的社区生活。人们在这个社区里上班、上学、购物、生活以及看病。因为，只有这样，步行或骑自行车才能到达，方便快捷。

然而，十五分钟步行圈的人生观念，在北京、上海等这样的大城市谈何容易。初来北京务工的人员或许还不了解，但凡在北京工作有半年以上，或者说有三个月以上北京工作经验的人都明白一个道理，那就是在北京上班，单位与租住的地方来回两个小时算近，来回三个小时算较近，来回四个小时不算远，当然再往后推人们就不用吃饭、睡觉了，干脆直接守办公室得了。问题是，办公室都没你守的份。有人说，那就选一份近的工作嘛，可在大城市，等待就业的人口太多，只有工作选你，没有你选工作的份。因此，很多“北漂”一族尤其羡慕那些在北京开着小车满面风光的上班一族，殊不知，各有各的苦。

在朝阳区工作的李齐是地道的北京人，上班开着父母掏钱买来的一辆二手车。李齐说：“车子开着还行，就是大城市交通太堵，让人感觉很憋屈。”他还说：“某天早晨五点半起床，看楼下马路上还算清静，六点半下楼一看，却已经堵得一塌糊涂了。在路上堵了一个多小时，好不容易快开到单位了，结果前面立着一条标示牌：‘前方施工，请车辆和行人绕道前行，给您带来的诸多不变，请您谅解。’”小李补充说：“当时又气又急，却又无可奈何，今天谅解，明天谅解，又有谁来谅解我们，再说，这车总不能往兜里装吧！”

天天堵，月月堵，李齐已经被上司转着圈地数落了无数次，由于害怕失去工作，此后，李齐每天早晨提前一个小时起床，即五点起床，洗漱半小时完成，五点半准时开车去单位，此后他几乎上班没有迟到过了。但是，由于工作性质的需要，他常备案次日的工作到深夜，如此一来，睡眠时间严重不足，睡眠质量也大大下降了，上班打瞌睡的现象渐渐频繁，被上司抓到过几次。李齐说：“若不是自己平常在公司表现好，早就被解雇了。”

李齐说："还是二三线城市好，和北京比起来，交通好太多了。我的一个朋友从北京回到家乡攀枝花以后，考上了地方公务员，每天工作轻松悠闲，晚上十点左右睡觉，早晨八点左右起床，美美地享受一顿早餐，不堵车，空气也清新。更重要的是，他再也不是大龄剩男形象了，不仅谈了一个同样是公务员的女朋友，结婚时，他用在北京十几年时间攒下的钱，在市区买了一套大房子，几年后，他们又买了一辆新车，成了真正的有房有车幸福一族，日子过得是有滋有味，听朋友说，他们正准备要个小孩呢。"

李齐感叹地说，如果自己不是地道的北京人，他肯定早就回到小城市去发展了，也不必像现在这样在大城市里面活受罪。

此外，交通拥堵，汽车所排放的尾气就像一种慢性毒药。据说，堵车所排放的尾气是车辆正常行驶时的数倍，北京如此之多的车辆，所排放的一系列毒气，对空气所造成的污染，对人体的伤害可以说是巨大而又无形的。相对于车祸与矿难等有形的伤害，空气污染可以看做人类在集体自杀。

据国际环保卫生组织调查结果显示，从世界范围来看，大城市中大量汽车排放的尾气是空气污染的重要因素之一。汽车尾气里面含有一氧化碳和氧化氮，以及会对人体危害程度很大的其他固体颗粒，尤其是尾气中的铅。铅在尾气中呈悬浮微粒状，随风扩散。据调查，小城市居民通常每天从空气中吸入铅微粒约1微克；大城市居民，尤其是主干道两旁的城市居民每天吸入的铅量远超过了小城市居民或城镇居民。

铅进入人体后，主要分布于胆、脾、肝、肾以及脑中，其中尤以肝、肾中的分布浓度最大。在短短几周以后，将有90%～95%的铅会由以上组织向人体骨骼扩散，以一种不溶性磷酸铅的形貌沉淀起来。当人们遭遇外物、酒精以及感染服用酸碱类药而导致酸碱不平衡时，骨骼中的铅将向血液扩散，最终引起铅中毒。

于是，很多大城市的人们选择向小城市撤退，他们的一致口号是：“大城市已经不再是人们身份的象征，我们没有理由把时间浪费在甲壳虫里，更没有理由把生命消融在大城市的路上，回到小城市吧，你一样可以活得很滋润！”

6. 大城市是“大”还是“小”？连相亲都成了一种奢望

在北京，关于“相亲都成了一种奢望”、“剩男剩女已经泛滥成灾”的话题，人们可以说是听得都快麻木了。很多人都知道，在北京，剩男剩女几乎都成为一个概念了，因为大家都知道北京的年轻男女“流行”晚婚，30岁以上未婚的都属于正常范围之内，不像其他二三线城市，更不像那些偏远小城镇，20岁刚过甚至20岁不到就开始准备着相亲、订婚和结婚。然而，在北京的青年男女为什么不愿意早早的结婚呢？甚至于有些人过了30岁大龄，连男女朋友也没有找一个，为什么他们非要拖到一个被剩下的年龄呢？似乎需要人人认真思考和对待这个问题。

在北京，有一则很有趣的话说：“知道北京的特产是什么？不是烤鸭，也不是果脯和茯苓饼，而是大龄剩男剩女。”虽然这些听上去有些调侃的意味，但确实是北京青年男女的真实现象。尤其是近年来，北京的剩男剩女日趋增多，有的甚至于打出了“不结婚”的口号。在北京，一些年长的人凑在一起，谈论的话题便是北京剩男剩女的现象。不知道是谁说了一句：“别说结婚，现在在北京生活的青年男女连相亲都成了一种奢望。”不禁有人会问，这到底是怎么一回事呢？

在北京某公园举办的一场相亲大会上，只有为数很少的一些人走来走去，一位前来相亲的大龄男士说，他每年花在相亲上的成本至少上万元。的确，剩男剩女的经济承受能力被社会忽略了。某教授在美国发表了一篇论文，意思是说大城市的剩男剩女给父母亲造成了不小的经济负担。

在该相亲大会上，相亲的主力军大部分都不是剩男剩女，而是中老年家长们。而相亲会现场高额的门票让家长们觉得简直难以承受。因此，不免有家长抱怨，就算是国家博物馆和长城的门票也不过如此吧！最明显的是，在该公园的北门售票处，门票只需要两元，而在可以通往相亲大会的南门处，门票上赫然写着“不管家长与子女，50元一位。”对于高额的门票，一位姓杨的家长说：“物价高，我们可以省吃俭用，但相亲大会的门票再贵也得参加啊，再怎么节省，也不能把子女的婚姻给‘省’下了。”

在相亲会现场，摆放着贴有个人详细资料的展板，而且类别分得很细，比如80专区、70专区以及硕士和博士专区等。在相亲会上，一个长相很帅气的男孩漫不经心地跟在他母亲（文女士）的身旁，她不停地看、不停地询问周围女孩的情况。男孩看上去三十多岁，但他始终沉默不语，一副漠不关心的样子。据男孩的母亲文女士介绍，男孩拥有北大硕士学历，目前在一家外资企业就职，收入还是比较稳定的。之所以过了30岁大龄了还未找到女朋友，原因有很多，主要是平常工作太忙，连相亲的时间都没有。

文女士说："有一次，儿子总算是挤出了时间去相亲，结果谁知道在路上堵车就堵了近三个小时，等儿子赶到约会地点的时候，女孩已不知去向。后来女孩发信息给儿子说，我们也不用相亲了，一是你没有诚意，二是你家的经济条件我也看不上。"文女士有些无奈地说，在这个相会大会上，对方只要一听到家里经济条件不是很好，扭头就走。

文女士一家是老北京人，她和丈夫都是北京一家工厂的普通员工，他们一家三口一直居住在崇文区的一个胡同里，再没有其他的住房。文女士说："儿子曾经谈过一个女朋友，但时间一长，女孩知道我们家住在胡同里，且是一个住宅面积不到30平方米的小平房时，便果断地跟儿子分手了。为此，儿子常常埋怨他们老两口。"

为了让儿子相亲成功，文女士和丈夫商量后，下定决心要给儿子购置一套新房。于是，文女士用这些年辛苦积攒下来的40万元钱付了一套房子的首付。可如今，房子是有了，但每月却要替儿子还3000元的房贷，而这个数字已经超过了全家总收入的30%，因此，一家三口日子过得是苦不堪言。文女士说："做'房奴'苦是苦了些，只要儿子能找个称心如意的媳妇，再苦也是值得的。然而，问题又出了，儿子如今都已经32岁了，在相亲会上一说起这个年龄，大部分女孩都打了退堂鼓。况且儿子又要找一个自己喜欢的，你挑，人家也挑，这相亲更是难上加难了。”

于是，在北京相亲会上流行着这样一种说法：“养儿子就等于是开建设银行，想给儿子相亲、娶媳妇就得先投资，只有资金到位、工程竣工，人家姑娘才会跟你儿子谈上一谈。”

相亲会上的家长们纷纷表示说：“在北京，没有100万元，想娶媳妇，谈都别想谈。即便是有自愿在一起谈朋友的男女，大部分都因为约会、堵车、约会、堵车……就这样给堵在路上了。”家长们一脸苦笑。

在相亲大会结束之后，有一个姓任的男士借用网上的一个段子，对自己37岁依旧是单身的状况自嘲地说：“25~27岁是初级剩客，这类还有勇气在相亲会上努力寻觅的剩客，被称为‘剩斗士’；28~31岁是中级剩客，这类人寻找伴侣的机会已然不多，又因事业而无暇寻觅，号称‘必剩客’；32~36岁是高级剩客，在残酷的职场和相亲大会上依旧单身存活，尊号为‘斗战剩佛’；而36岁以上依旧单身的则被封为‘齐天大剩’。”

任男士说：“不要觉得好笑，在北京像我这样的‘齐天大剩’还有很多，我们不仅结婚难，就连相亲也成了一种奢望。”

7. 生活在首都还有多少幸福指数

“生活在北京还有多少幸福指数？”这样的话题已经成了北京、上海、广州等一线大城市人们议论的焦点，因为在大城市中生活的诸多不便，造成了城市居民欲罢不能的无奈局面。

众所周知，北京、上海、深圳、广州四大城市是中国资源最集中、就业机会最多、经济最发达的地方，按理来讲，生活在这四大城市的居民应该感到很幸福，而且拥有巨大的优越感，然而，城市居民们的优越感却为何急剧下降呢？

原来，在北上广深这样的一线大都市，房价飞涨、空气污染、交通拥堵、就医难、入托难等许多问题已经严重影响到了城市居民的日常生活。这些不尽如人意的城市问题体现有一个共同的名字：城市病，即外来人口大量向大城市涌进，从而引发的一系列的城市社会现象。无疑，城市病已经严重危及了城市居民们原本健康美好的生活质量，甚至有观点认为，我国将面临城市病的集中爆发现象。

2010年7月，据北京市政协一份名为《关于促进首都人口与资源环境协调发展的建议案》的调查资料显示，北京市在2009年年底的实际常住人口就已经高达1972万人，而按“十一五”的计划规定，北京市2008年常住人口总数需控制在1625万人。

从而可以看出，北京人口增长之快，这样的迅速增长无疑给北京带来了各种压力。据北京市政协调研组发布的一项数据结果显示，北京市每多增1人，每日交通出行量就会增加2.64次。虽然北京市近几年交通工具发展迅速，但交通供应能力仍然无法满足人口数量迅速增长的需求。

北京公共交通供应力不足的一个后果便是汽车保有量的猛增。据调查，在2003年8月，北京市机动车辆保有量就高达200多万辆，到了2007年5月时，这个数定已经被改写成了300万辆。而从300万辆改写为400万辆，只用了短短的两年零七个月的时间。仅用了几个月的时间，400万辆又变成了450万辆。因此据测算显示，到2015年时，汽车保有量将会高达700万辆。

在子女教育方面，经北京调研组调查结果显示，2000年，北京务工人员子女迁入北京的有9万人，到2009年已经增长到了41.8万人，占据了学生总人数的40%，其中有66.9%在北京公办中小学就读，而有些区县教育支出费用一半以上用到了随迁而来的北京务工子女身上。

另外，资源环境的利用也更为突出。据北京市政协调研结果显示，目前，北京市的能源有98%依靠从外地调入。整个北京市年均可使用的水资源只有26亿立方米，而实际年均水资源使用却高达36亿立方米，超出的部分均依赖应急水源常态化、超采地下水以及消耗水库库容来维持平衡。如果北京市人口持续过度膨胀，南水北调的局面将被快速增加的人口所吞噬。

人口持续膨胀的局面不仅发生在北京，在2009年，广州的常住人口也已经高达1400万人，而上海的常住人口则高达1921.32万人。人口迅速猛增的局面将给社会带来一系列严重的问题，这些问题势必将影响到整个城市居民的日常生活。

在这样一个过程中，如果没有解决问题的措施，那么北京等大城市住房紧缺、交通拥堵、环境恶劣以及水资源匮乏等不良现象将影响到城市居民生活的整体质量。到那时，人们所向往的大城市还有何幸福可言？有何优越感？

中国行政改革研究院秘书长兼国家行政学院教授汪玉凯说："按照北京市的环境、资源、交通及住房等承受能力，2010年的极限人口需控制在1800万，但实际常住人口却已经超出了1900万人，经测算，过不了多久，将会高达2100万人。人口数量与北京承受力已经形成了一种扭曲的关系，想不出现城市病都难啊！"

汪教授认为，北京之所以出现如此大的城市病问题，有诸多原因。其中既有产业布局因素、城市发展策略，也有过分追求GDP和城市基础设施不均衡等。**中国的城市化有明显的大城市化特点，但在城市规划上没有做出相应的结构调整，总是一味地不断扩张，导致了城市"摊大饼"的现象。同时，中国的城市化建设没能往城乡一体化方向发展，城乡之间缺乏高度融合，资源没有自由流通，基础设施的差距也很大，导致了城乡差距愈渐加大，从而人们不断向大城市涌进。**

此外，在这个过程中，社会保障方面没有及时地跟进，不但外来人口的生活没有幸福可言，就连大城市原住居民生活的优越感也严重下降。

有观点认为，国家在过去的三十年里，一味地关注大城市的发展，从而忽略了中小型城市的建设。同时，在城市的规划问题上，没有进行合理的产业链布局，劳资、技术及劳动等都集中在大城市，而且，大城市周围也没有建立卫星城市来分散整座大城市的压力。

按照汪教授的思路，现在是时候加快中小城市、县域经济的发展脚步了，将集中在大城市里的一线产业，调整到中小型城市中去，以此弥补县域经济以往的不足。因为如今的大城市生活成本急剧升高，而中国还有大量的农村剩余劳动力等待就业，而且生活成本日益升高的大城市已经没有办法解决这些剩余劳动力就业等问题，而发展中小型城市才是最合适、最重要的渠道。

不仅如此，城市考核标准体系的调整也势在必行。联合国有一套城市考核标准体系，其中，饮用水和空气等生活质量的考核指标占据很大的比重。从联合国的考核标准体系可以看出，城市居民的生活质量占据了很重要的位置，然而，中国大城市的管理者们还在一味地追求GDP。汪教授认为，政府与城市管理部门都应该用更现代化的管理理念和更长远的眼光来治理大城市，更多地则应该关注居民生活幸福指数以及优越感，而不是为了城市的GDP建设，不惜影响城市居民的生活质量。

放眼远观，在其他国家，比如德国，城市病的出现影响到了居民的生活质量，于是很多大城市有钱没钱的人都选择回到中小型城市、小城镇乃至乡村居住。因而，大城市的税收受到了严重的影响，为此，政府不断改善大城市的居住环境，再次将这些搬迁的人们吸引回去。由此看来，城市病可以说是世界性的难题，别的国家能做到的，中国一样可以做到。为了少走一些不必要的弯路，有一句话说得好："做对的事情比把事情做对更重要。"

中国市政公用事业专家徐宗威也认为，如今的北上广一线大城市的城市病已经越发地严重起来，如果再不采取相应的措施，城市居民的生活将受到严重的影响，而生活质量也将无从谈起。长此下去，还有何大城市可言。

徐宗威说："过去总是用效率和GDP作为考核城市和管理者的标准，现在应该用绿化作为考核指标。如果城市管理者们能够以居民幸福的生活环境作为城市的管理理念，相信，城市病一定会迅速降低。"

第三章

离开北京的那些创业精英们

相比北上广等大城市而言，二三线城市的创业成本、生活成本、交通环境以及政策优势都逐渐凸显。在各地产业结构调整和产业升级的大背景下，很多创业者都把创业基地和公司总部设在了二三线城市。本章为广大读者罗列了诸多在二三线城市创业成功，成就辉煌的精英们，他们所选择的创业城市与北京等大城市相比而言，具有哪些创业与发展的特点和优势，以及他们凭借什么在小城市发家致富，而最终将小企业变成巨型企业，他们靠的又是什么？当然，靠的不仅仅是信誓旦旦的理想和不屈不挠的精神，还有人脉、地理等诸多方面的优势。

或许，很多人认为，他们之所以选择在小城市创业是畏惧大城市的创业成本与生存压力，事实上这是一个错误的理解。其实，道理很简单，无论选择在哪个地方创业和工作都是一种生活的选择，关键在于，你所追求的理想是什么？就像马云所言：“离开大城市，不是倒退，不是放弃，更不是掉在二三线城市中过平庸的生活，而是不想看到人们囿于大城市的繁华不能自拔。看清现状，冷静思考，找到一个最适合自己的起跑点，然后，努力奋斗！”

1. 马大侠携“六脉神剑”逃离北京，西子湖畔创下阿里王国

中国知名企业家、阿里巴巴创始人之一兼阿里巴巴集团首席执行官的马云，可以说是人尽皆知，他被人们誉为中国的“创业教父”，是《福布斯》杂志封面人物中首位大陆企业家，曾被“世界经济论坛”誉为未来全球企业的领袖人物，因此，马云也一直被各界人士作为学习的榜样。

马云是杭州人，在1999年，他辞去公职，在杭州创办了“阿里巴巴集团”，迅速发展成了全球最大的B2B电子商务互联网，而阿里巴巴旗下的淘宝网，也已经成了整个亚洲最大的个人交易网站。无疑，马云是创业者中极其优秀和成功的，而且在国内外，马云都享有很高的知名度和影响力。

然而，对于马云，很多人心中都有一个疑问，那就是马云为什么选择在杭州创业，而不是经济发达、资源丰富的一线大城市，比如北

京、上海、广州等地。当有人问及马云，当初出于什么原因选择在杭州创业以及决定把总部设在杭州，而没有选择像北京这样的大城市时，马云的回答是："在北京、上海等这样的大城市中，大型企业多如牛毛，倘若将阿里巴巴设在那些地方，那么，阿里巴巴或许就得不到足够的重视，始终都只是一个小企业。而如果将阿里巴巴设在杭州就不同了，它会成为杭州的宝，成为杭州政府重点扶持的对象。等阿里巴巴在杭州成功了，再向北京、上海等地发展分支机构，这也可以说是'农村包围城市的战略'。"

事实上，马云和他的13人创业团队（包括马云在内）在北京待了一年零两个月的时间。1997年12月，外经贸部中国国际电子商务中心诚邀在杭州经营中国黄页而名声大震的马云加盟，经过一番思索，马云带着他的13人团队加盟了（这些人在后来都成了阿里巴巴的骨干），并由马云担任中心信息处总经理。期间，在马云的带领下，他们做成了很多项目，因此在别人眼里，他们是成功的。但马云却并不这么认为，相反他认为自己是失败的。

在北京的日子里，马云并不开心，甚至很多时候感到郁闷。马云曾说："在北京的日子很苦，甚至比在杭州时还要辛苦……"尽管是在政府部门工作，但马云的团队并没有受到特殊的待遇，甚至比在同一个部门工作的同事还要辛苦。刚到北京时，团队的成员们都住在公司东郊的一处集体宿舍里，13人分别住在三个简陋的房间里。网站的开发工作很忙很苦，加班是常有的事。日复一日，大家每天的生活都很痛苦，早晨闹钟一响，眯着眼穿衣起床，然后，大家聚集到公路旁等车，奋力挤上公交车以后，大家又继续睡，一路颠簸地睡到公司外经贸部，直至工作到深夜，大家又等车颠簸回到集体宿舍。每天都这样，重复着这样一种极其痛苦和极不情愿的生活状态。

马云的团队主要是负责外经贸部官方网站的开发工作，这也是外经贸部邀请马云的主要原因。对于外经贸部官员对开发工作的设想，马云一开始就表示反对，并试图说服外经贸部将网站建在互联网上，然而，由于马云势单力薄，最后还是屈服于官方的意志。然而，网站做好之后，在运营的环节上又出现了问题，政府的经头文件虽发下去了，但业务却异常冷清。外经贸部也终于明白他们设计的商业运营模式是不可行的，而这一点早在马云的意料之中。之后，在马云的不断劝说下，外经贸部终于在1998年7月批准了他的改建方案，即改建互联网，并成立了合资公司，由马云担任总经理。

然而，马云却丝毫没有成功的感觉。事实上，一直以来马云发现在北京很多事情都很难做，有着诸多说不清的问题。尽管很多人把马云团队与外经贸部的合作看做中国的“梦之队”，但实际上马云一直很苦恼，总有一种理想无处伸展的感觉。

尽管后来外经贸部给了马云很高的待遇，希望牢牢拴住马云这棵“摇钱树”，但马云心里比谁都清楚，在北京，在外经贸部，他不过就是一个高级打工仔，职务也随时面临着考验。试想，如果外贸部里有会做网站开发的人才，谁还会找他们？马云知道，自己带着这个团队是来北京创业的，是来追寻互联网梦想的，而不是来北京打工的。

1998年年底，一股网络狂潮席卷全球，中国也首次出现了网络热。形形色色的网站犹如雨后春笋般冒了出来，而新浪、网易、搜狐和雅虎等，也一路迅速发展，而此时，马云面临着两条路——要么留在北京，要么离开。

留在北京，机会是有的，比如当时的雅虎和新浪都想邀请马云加盟，然而，马云认为，北京的网络市场太过浮躁，难成气候。况且，在外经贸部这样的政府企业中，总有太多束缚，无法施展拳脚。直觉告诉马云，中国的网络形式已经发生了巨大的变化，全世界互联网的高潮时代将要来临，而现在正是一个千载难逢的良机，于是，在1998年年底，马云毅然宣布：“我决定回杭州！”

团队的另外12名成员都愿意跟马云回杭州，于是包括马云在内，来北京的13个人，走的时候也一个未落下。回到杭州后，马云坚定地说：“我一定要创办出全世界最好的公司。”最终马云成功了，这个公司就是阿里巴巴。但让所有人都意想不到的是，巨型的阿里巴巴集团居然诞生在杭州一个普通的居民小区中，当时的阿里巴巴办公区域不足150平方米，也就是马云的家。

当时，在中国互联网上，阿里巴巴的模式可以说是非常独特的。起初，马云团队里的绝大部分人认为，可行的门户网站应该是像新浪和雅虎那种模式的。但马云的观点却正好相反。马云说：“大部分人都看好的东西，已经轮不到你了。”于是，阿里巴巴没有拷贝任何已有门户网站的形式，而是选择创新。无疑，创新的风险是拷贝的十倍以上。马云此种“出格”之举，放在北京，放在外经贸部或者是国富通的模式中运营，很显然是行不通的。

广东省党政代表团对马云的创业精神和阿里巴巴的运营模式给予了高度的评价。熟悉马云的人都清楚，马云并不是一个低调的人，但他却婉言谢绝了上任何采访节目。在《最具想象力的互联网》上，记者找到了一篇马云曾经的演讲稿，也正是这份演讲稿解释了马云离开北京，到杭州创业的原因。

在演讲稿中，马云说："当时，我正在为是留在北京还是离开北京去创业而拿不定主意。于是，我自己做了一个假定，如果说我留在北京创业，那么，我们就像是500个孩子中的一个。如果离开北京，回到家乡杭州创业，那么，我们就是杭州唯一的孩子。因为在杭州，至少我们能够得到政府的足够重视。因为，新成立的公司规模都很小，而像北京这样的大城市都比较重视跨国企业，也更加喜欢世界500强，如果是民营企业且刚刚起步，最好是不要来北京。而且，在北京人眼里，我们做得再好，也都是'外地人'或'乡下人'。"

从马云的演讲稿中，透露着马云对大城市的一些看法。**马云认为，大城市之所以大，是因为有很多外地人融进大城市，并推动了大城市的发展。所以，作为一个大城市，比的不是路宽、楼高，而是胸怀，即考虑如何包容外地人口的就业和创业问题。**

据一项新的数据调查显示，曾经被很多民营企业看好的大城市，商业和生活成本变得越来越高。比如中国四大城市之一的上海，截至2007年6月，已经有7000多家浙江民企撤离上海，把重要职能部门或者总部搬迁到了宁波、杭州等地。而在广东这样的大城市，企业数量位居全国第一，但却未能孵化出像阿里巴巴集团这样的巨型企业。

在2007年杭州市浙江人民大会堂举行的第三届中国中小企业电子商务大会上，杭州市市长出席并发表了演讲。他指出，阿里巴巴之所以会选址杭州，正是因为杭州市政府对电子商务和互联网发展的重视以及支持。他表示，尽管杭州市政府离互联网发展的需求还有所差距，但杭州仍然是软件信息业务的发展地。他还指出了最具代表性的电子商务，比如家喻户晓的阿里巴巴和网盛。

另外，杭州是浙江省会和全省经济、文化、政治的中心，是长江三角洲南翼文化、经济、物流和金融中心，是中国东南地区的重要交通枢纽，同时也是著名的现代旅游风景城市。在2001年，杭州被联合国誉为“最佳人居奖”，被世界康乐组织评选为“国际花园城市”。并且，杭州已经与世界上180多个国家和地区，建立起了直接贸易往来关系，同时还吸引了82个国家和地区的商家前来投资，其中有37家是世界500强企业。

近年来，杭州的政治与经济更是发展迅速，被公认为是中国十大综合经济实力最强的城市之一。2009年时，杭州市的生产总值高达5098.66亿元，按可比价估算，比2008年增长了10%，且连续19年实现了两位数的增长效益。而杭州市全年城镇居民人均收入高达26176元，比上年增长了11.2%，其经济增长的速度与稳定性都较强，快于全省和全国1.1个和1.3个百分点，位居大陆省会城市之二。

与此同时，杭州高新技术产业也得到了迅速发展，而且形成了生物工程、光机电一体化、电子信息等高新技术产业链，其信息传播速度位居中国城市前列，并且已经达到了国际先进城市水平。

在马云看来，杭州是他创业的首选之地，主要有以下几方面的原因。

第一，马云是地道的杭州人，如果能在家乡创业，这当然是一种优势；

第二，杭州市和附近的中小型企业聚集了阿里巴巴的客户群；

第三，在二三线城市创业起步快，成功之后，可以辐射国际市场，况且杭州企业品牌在国内占据了一定的市场，而且具有很大的优势；

第四，杭州雄厚的人文、经济、信息、金融及交通等资源，有助于创业者实现理想；

第五，在杭州注册公司不仅注册费用低廉，而且可以形成企业对外的一个窗口，容易取得国内外企业的信赖与合作；

第六，以杭州公司的名义在沪投资置业，可方便金融投资、房产按揭等，这样不仅能安家立业，而且公司的前景也更辉煌。

2. QQ教父马化腾，深圳缔造“企鹅”王国

马化腾，腾讯创始人之一，腾讯集团首席执行官兼董事会主席。2007年，马化腾被美国《时代》杂志年度评选为“世界100名最具影响力和权威性的人物之一”；2009年入选为中国经济“十年商界领袖人物”，同时腾讯集团被《财富》杂志入选为“全球最受尊敬的50家企业”；2010年，入选《新财富》发布的“2010年500富人榜”，并位居第五。

马化腾是潮汕人，1984年随父母到深圳，1993年，马化腾从深圳大学毕业后，进入了当时在业界内颇有名气的润迅公司，从而成了一名软件开发工程师，其主要任务是寻呼机的开发工作。在润迅公司，马化腾表现优异，最后成为开发部的主管。在互联网还未普及之前，马化腾就已经在惠多网（FidoNet，于1984年诞生在美国，是一家非传统意义上的互联网）上体验到了网络的乐趣。因此，马化腾对互联网这个新生事物很感兴趣，更重要的是，他意识到网络能给自己创造

价值。

1998年，马化腾和好友张志东注册了一家“深圳市腾讯计算机服务有限公司”，即后来的腾讯公司。最初，腾讯公司的办公地点只有10多平方米，而十二年过后，却已经变成了190多米高的雄伟建筑物——“腾讯大厦”，其建筑面积约8.8万平方米。而当年那只形单影只的小“企鹅”，也变身成为服务4亿网民、拥有过百亿营业额、全球市值第三的特大互联网企业。

一路走来，马化腾本着“网友需要什么就会有什么”的创新理念，管理并发展着腾讯公司。他所创造的腾讯QQ，不仅填补了中国软件领域中的一项空白，更改变了中国人之间沟通与生活的方式，因此，他被人们誉为“QQ之父”。马化腾也毫无疑问地跻身“深圳经济特区30年30位杰出人物之一”，他是很多人财富梦、创业梦甚至资本梦的精神坐标，他的人生被人们无数次地回味。

对于马化腾传奇而又成功的创业故事，相信，很多人都已经是耳熟能详了。然而，人们更为关注的是马化腾创业的选址，即马化腾为什么会选择在深圳创业，又为何将腾讯的总部设在深圳?

就此而论，马化腾曾经说道：“选择在深圳创业，这与在深圳读书和工作有一定的原因，毕竟在自己最熟悉的生活圈子里创业，就等于拥有了一定的原始积累。但这不是最主要的，其原因是诸多方面的，一方面是因为深圳的地理因素，因为深圳靠近香港，进口元器件之类的比较方便；另一方面是因为深圳聚集了不少通信方面的人才，而我理想中的事业发展也是以通信为主的。同时，中兴、华为这两家国内最大的通讯设备制造公司都设在深圳。”

在一次采访中，马化腾这样说道："我很幸运，在那个互联网的大浪潮中，我把握住了一个好的机遇。之所以将腾讯的总部设在深圳，正是因为深圳是互联网的发源地。"马化腾认为，虽然北京、上海等大城市也把互联网事业演绎到了无以复加的地步，但源头才是最重要的。俗话说，没有水源，哪来的水。马化腾还表示："深圳特区极其活跃的网民，也是促使他将腾讯扎根深圳的一大原因。"这句话的确不假，在2008年深圳网络媒体发布的一份名为《深圳市互联网发展状况调查报告》中显示，深圳这座城市经过28年的发展，正不断地向人们展示着它的青春和活力，互联网事业更是风生水起，当时深圳的网民普及率已经高达51%，而深圳的网购业务也稳居全国前列。

谈到深圳这座城市，马化腾肯定地说："腾讯离不开深圳。"**对比中国的其他城市而言，马化腾认为，深圳的总体创业环境更适合于中上等民营企业和自主创新型企业的发展，这一点是毋庸置疑的。**马化腾介绍说，他们那一届人，是在1984年到深圳的，而那个时候的深圳才刚刚开放，一路走来，深圳就像襁褓中的婴儿迅速成长了起来，他们则目睹了深圳的壮大过程。用马化腾的话来说："深圳的确是一片创业的热土。"而深圳的大多数企业都是靠自己发展起来的，比如中兴、华为等大型企业。

马化腾说，那时候，深圳的口号是"时间就是金钱，效率就是生命"。这样的口号也是催人奋进的，它能让人感到震惊，也能提升人们对时间、金钱、效率和生命的迫切感。因为要想缔造一个好的企业，创业者在时间和效率这两方面的意识是非常重要的。

正如IT界人才所说的那样："IT人才在深圳做通信事业是一个正确的选择，也是未来的一个必然趋势，尤其是在还没有网络或网络没有普及的时代里。而马化腾正好赶上了。"

马化腾自己说："深圳是一座激情开放且充满机遇的城市，我有幸赶上了互联网迅速发展的年代，它激发了我通过互联网改变人们生活的理想，从而使我走上了创业的道路。"

据深圳一位知名企业家透露，很多的创业者与投资者关注深圳这座城市，尤其是IT信息行业，因为深圳精于计算机软件开发的人才很多，这也是深圳的一大优势。与这种优势相得益彰的是深圳原来的高科技定位。该企业家还透露，他的这家企业最初起步时便是以技术开发为主，包括至今的很多产品仍然是以科技研发为驱动力，并且也是以深圳作为技术研发中心所在地。

有观点认为，深圳和其他城市大不相同，别的城市不是讲政策，就是讲条件，大多数都是在客观环境下发展起来的，但深圳的诸多企业都是靠自己发展壮大的。在这一点上，深圳的很多创业者和企业家都深有同感。

在一次采访中，当采访人员问道："如果再给你一次机会，你仍然会选择深圳吗？"马化腾回答说："当然，深圳是一个孕育互联网梦想的热土，它具有中国'梦想之城'的气质。其长江流域和珠江流域有不少相似之处，除得天独厚的地理条件外，长三角与珠三角都可谓人杰地灵之区域，且都有着适宜互联网发展的土壤，从长江流域和其他城市发展起来的电子商务产业和互联网游戏就可以得到证实。"

时至今日，马化腾缔造出了一个全民互联网生活的平台。正如他所说的："我们的产品正像水、电、气一样融入了人们的生活中，我希望深圳能在政府的领导和各界的大力支持下，进一步成为互联网规模和集群效应城市。"

3. 牛老板的生活沃土当然还是在内蒙古大草原

牛根生，蒙牛乳业集团的创始人、老牛基金会创始人兼名誉会长，也是“全球捐股第一人”，并入选“影响中国生活方式的十大人物之一”。在2003年，牛根生被CCTV评选为“中国经济年度人物”，从2003年到2007年，又连续五届入选为“中国最具影响力的企业领袖人物”。曾在2005年，荣获“首届中国十大年度环保人物”。2007年，入选“中国十大慈善家”之列，并荣获“中国改革人物年度大奖”。2008年，被评选为“中国改革开放30年中影响中国经济的30人之一”。2009年，入选“中国共和国成立60年影响中国经济的60人之一”。2010年，荣获中国慈善机构唯一一个“慈善终身成就奖”。

1958年，牛根生出生在中国北部内蒙古一个极其贫困的家庭，因为贫困，他在出生不足一个月就被父母卖到了城里，后来给他取名“根生”。据说，当时他被卖到城里只值50元钱，可想而知，时至今日，牛根生的身价竟然上升了几千万倍，“牛”到了如此地步，其实这不足为奇，因为他是“蒙牛乳业集团”的“领军人物”。

牛根生之所以选择在内蒙古创业，并不仅仅因为他出生在内蒙古，众所周知的是，内蒙古大草原有极其充足的奶源以及得天独厚的地理优势。牛根生在《一生只做一件事》中写道：“自工作以来，我一直在做一件事，那就是种草、养牛、挤牛奶。”而种草、养牛的最佳地理位置，当然就是占据中国乳制品市场独特优势的内蒙古大草原。

从地理位置上而言，内蒙古大草原东起大兴安岭和苏克斜鲁山，一直延伸到西边的甘肃省河西走廊和西北端的马鬃山，南绕长城，北至蒙古共和国，海拔高达1000多米，地势起伏连连，从而造就了内蒙古大草原广袤辽阔的领土。内蒙古的地理位置给内蒙古大草原的自然延伸奠定了地质基础，使其大草原的自然域至少占据了全国草原面积的35%以上，如此广阔无垠的天然优质草原，成了乳制品行业的战略争夺制高点。

更重要的是，世界畜牧专家人士确认，内蒙古大草原所处的纬度主要位于40度～45度，而45度左右正好是最佳奶源的纬度带，因此内蒙古大草原占据了这一天然养牛纬度带，并与世界公认奶源最好的新西兰、欧洲、南美同处在一个纬度带上。由于内蒙古大草原距离海洋比较远，主要气候属温带大陆性季风气候，所以全年的太阳辐射量从东部向西南部逐渐扩增，日照数从2700小时扩增到3400小时以上。由于充分的日照，有利于植物的光合作用，自然的植被因此更加丰富，尤其是奶牛所需的饲草和饲料资源，里面富含了奶牛成长所需的粗脂肪、粗蛋白、磷和钙等多种营养元素，为饲养奶牛提供了最优质的营养供应。此外，内蒙古大草原的气温变化也是一大优势，大部分区域的气温极差普遍在65℃～85℃，气温日较差普高，在13℃～16℃，是全国温极差与日较差最大的区域，这更有利于储存草原植物糖分。而内蒙古大草原昼夜的温差也较大，其海拔高、气候寒的特点，从很大程度上降低了牲畜传染病的发生率。

广袤辽阔的内蒙古大草原，覆盖了内蒙古自治区大部分区域及周边地区的部分区域，其中，大草原的主要面积为8666.7万公顷，有效的天然牧场占地6818万公顷，是全国最大的草场面积和天然牧场。其中最著名的就是呼伦贝尔大草原，它是全球天然草原面积最大的地方，同时也是全国最大的绿色源动物食品的生产基地。

内蒙古自治区在全国东西跨度很大，与其相邻的有晋、吉、甘、宁、黑、冀、陕和辽八个省区，周边地区有太原、长春、银川、沈阳、天津、兰州和北京等大中型城市。而内蒙古自治区周边的七个自治县和两个自治州，依托内蒙古大草原确立了“生态立州、生态立县”的战略思想，并制定出了“林草先生，以畜为主，农工商综合发展”的战略方针。因此，内蒙古大草源是乳制品行业的重要基地，为乳制品向全国各地扩张提供了重要的坐标。

牛根生也一直认为“得奶源者得天下”，在中国乳制品行业的争夺战中，成败的关键在于对奶源的控制上。据乳制品专家介绍称，奶源是乳制品生产过程中最重要的原材料，更是决定乳制品质量的关键，因此，乳制品行业竞争的最大优势，主要取决于奶源的质量。

因此，无论从奶源、地理环境，还是气候特点来看，内蒙古都是全国乳制品行业的首选基地。也正因此，牛根生毫不犹豫地选择了内蒙古大草原，而事实证明他是对的。蒙牛乳业成了全国领军巨头之一，创造出了全国乳制品行业的最大奇迹，并缔造出了全国乳业的“成长冠军”。时至今日，蒙牛乳业液态奶的销量已经位居全国榜首。

“近水楼台”的蒙牛沿着广袤辽阔的内蒙古大草原，建立起了其他乳业巨头都无法超越的奶源优势，并且还制定了“纯牛奶留在内蒙古，冰淇淋走出内蒙古”的战略计划。此外，蒙牛乳业还在半径200公里以内的内蒙古大草原建起了强大的奶源基地，而冰淇淋因为需要冷冻储藏，运输半径通常保持在1000公里以内。

用牛根生自己的话讲：“蒙牛之所以会取得如此巨大的成功，关键就在于拥有了内蒙古大草原自然天成的奶源优势作为依托，也正是这种优势缔造出了蒙牛纯天然的自然品质，从而成就了蒙牛乳业的辉煌。”

内蒙古大草原为蒙牛乳业提供了奶源优势，蒙牛乳业的快速发展也为内蒙古大草原良性发展带来了强大的经济动力。自1995年开始，从内蒙古自治区政府到中央，各级政府都充分意识到了保护内蒙古大草原自然生态的重要性，同时加大了投资力度，并且着重于政策保护以及加强科研力量，从而在很大程度上促进了内蒙古大草原的良性生态发展，并为内蒙古大草原各种生态资源优势的可持续发展提供了重要的条件。

牛根生认为，如果创业之初没有选择内蒙古，而是选择其他省市，蒙牛乳业或许就不会有现在这样辉煌的成就。别的暂且不谈，就最基本的天然养牛牧场而言，就是其他省市与内蒙古的一大差别。

4. 宗庆后一直都在“娃哈哈”，每天笑傲江湖不显老

宗庆后，自1991年至今一直担任杭州娃哈哈集团公司董事长兼总经理。2010年9月，宗庆后以800亿元身价成为2010年全国的首富，且第一个享有“饮料大王”的称号。2011年，《福布斯》全球亿万富豪排行榜在纽约发布，宗庆后以59亿美元的身价位居第169位，位居中国内地第三。

宗庆后出生于1945年10月，大器晚成的他从42岁开始创业，在短短的十五年间，他缔造出了一个“饮料王国”。如今，当年那个“小不点儿”娃哈哈已经成长为在全国29个省、市、自治区拥有58个基地150余家分公司、拥有总资产300亿元的规模。

有关娃哈哈在全国的普及率，曾经有人做过这样一个测试：在长白山天池、海南岛丛林和青藏高原等地全国天南海北的城市，人们只要随便走进一家食品商店，然后把店里面所有的商品抄下来，你就会

发现，重复出现的商品最多不会超过三种，而娃哈哈正好就是其中的一种；在过去的十五年间，能让每一个中国人都曾掏钱买过的商品也不会超过三种，而娃哈哈恰恰就是其中的一种。这绝非巧合，事实上，“娃哈哈”饮料已经覆盖到中国的每一座城市和乡镇。而这个从校办企业起家并成为神州大地上知名企业家的宗庆后，他的影响力是不可以小觑的。

宗庆后是浙江杭州人，中学毕业之后，为了减轻家里的经济负担，他主动要求提前外出务工，因此，人生中本应该最轻松美好的日子，他却在单调而又艰辛中度过。直到1979年，身为小学教师的母亲退休后，宗庆后回到故乡杭州顶职，然而，由于文化程度不高，被安排在一所小学里面做了一名校工。直到1987年，杭州市上城区的校办企业经营部成立，而宗庆后手中那一张小小的委任状陡然改变了他的生活。

当时，宗庆后已经42岁了，按理来说，已经过了创业的最佳年龄了。很多朋友都劝他不要冒险，但宗庆后说了一句：“你们无法理解一个四十几岁的人面对人生中第一次创业机会的心情。”于是，宗庆后召集了两个退休老师，靠着四处借来的钱，帮人代销冰棒、汽水以及纸张文具等，一分一厘地赚钱起家。于是开始了创业历程的宗庆后头戴草帽、脚蹬平板车，走街串巷，日复一日，年复一年。估计谁也没有想到，他会在十几年以后成为一个左右中国饮料市场格局的卓越企业家。

事实上，很多人都想知道，当时在杭州这样一个小城市，宗庆后是如何缔造全国第一饮料企业的。他凭借的是什么？对此，宗庆后的回答是："作为一个创业者，奋斗的激情是不可缺的。但更重要的是，作为一个创业者，首先考虑的应该是创业成本、区位优势以及政策优势。当然，人脉优势也是一个重要的因素。"

宗庆后认为，他之所以创业成功，最根本还在于他拥有强大的家乡优势和人脉。当时，他的启动资金总共只有借来的14万元，如果是在北京、上海等大城市创业，一无庞大的资金，二无人际关系，三无政府扶持，市场成熟度也不够，大城市的竞争又那么激烈，创业成本与生活成本普遍偏高。就自身的资金条件而言，在大城市创业估计也只能把公司设在偏远的郊区。然而在家乡杭州就不同了，他不仅拥有强大的人际关系，且在家乡的创业成本相对较低。不论是水电费，店面租金，还是人力资本等，这些都是小城市的优势。更重要的是，小城市有很多行业正待人们去发掘，因此创业的机会也会比大城市多。

另外，宗庆后确认，小城市便利的交通环境也是创业者的一大优势。在大城市里，拥挤的交通环境已经成了人们工作、生活的一大障碍。大城市里人们每天除了上班的时间，至少有4个小时是在车里度过的，因此，休息的时间少之又少，尤其是睡眠质量也大大降低了。久而久之，人们就会有一种疲乏感，也是大城市一族为什么每天总是喊累的原因。宗庆后说："在小城市创业与工作，不用挤公交车，也不用挤地铁，在大城市每天等车的时间在小城市可以做很多事情了。从这一点来看，在小城市工作与创业的人们，在时间上也占有一定的优势。"

对于在小城市创业的具体选址，宗庆后认为，小城市虽然没有大城市的经济实力雄厚，但繁华地段相对比较集中，相比之

下，选址也更加容易。这也就是所谓的“小城市，小市场，好把握”的特点。宗庆后补充说：“虽然小城市的人口密度没有大城市的高，但商品成交率却比大城市要高得多。毕竟，城市小，选择少，商品成交率相对就更高。”

这些小城市的优势条件，都是大城市无法满足人们的，因此，越来越多的人萌发了逃离大城市的想法。据一项调查结果显示，目前，在北京、上海等一线城市白领一族中，有近六成的白领表示有撤离大城市的想法。在这项调查中，男性占66%，大专以上学历的占91%，在北京有4～5年工作经验的占41%。而新浪网也针对北京的生活压力做了一项名为《北漂，你打算“回归”吗？》的专题调查，其结果显示，有38.7%的人对大城市的生活状况表示不满意，有82.5%的人表示将考虑回到二三线城市发展。而对于“如果二三线城市没有更好的发展机会，你会选择撤离北京吗？”这个问题，有69%的职场中人给出了肯定的答案。

5. “隐形大佬”王健林在大连的地产江湖

在大连，有一句家喻户晓的话：住好房，找万达。在大连，也有一个家喻户晓的人：王健林，即大连万达房地产集团有限公司董事长兼总裁。在大连乃至全国，可以这样说，万达公司的房子没有卖不出去的。

1988年，王健林成立了万达房地产有限公司，并在1992年发展成为东北第一批实行股份制试点改造的五家公司之一。经过18年的发展，万达集团已经形成了以住宅地产、商业地产、高级酒店、文化产业以及旅游度假为五大支柱产业的大型房地产企业集团公司，企业资产超出了1400亿元，年收入超过800亿元。截至2010年年底，万达公司已经在全国的24个省、自治区以及直辖市场的45个重点建设城市投资设立了59个万达广场，其中开业的已经有33个。

谈到王健林当初为何选择在大连创业，而没有选择国家一线大都市，比如北京、上海、广州等。王健林说，很大一部分原因是人脉和地皮价格。王健林解释说：“1986年退伍之后，我就在大连市西岗区人民政府办公室担任主任，在大连市积累了一定的人脉，我在1988年开始进军房地产市场，除了大连的人脉之外，当时大连的地皮价格相对其他大城市也较低，最高也就每平方米1100元多一点。加之公司注册资金需要100万元，幸好在大连的几年时间建立起了良好的人际关系，于是我找到大连的几家国企，然后再找财政担保，公司才得以注册成功。如果是在其他的陌生城市，尤其是国家一线大城市，我估计是一分钱也凑不到的。”

王健林认为，在国家二三线城市创业比在一线城市创业成功的指数要高，且发展壮大的机会也相对较大，主要有以下几方面的原因：

第一，二三线城市地价较低。不像北京、上海、广州及深圳等一线大城市，一个项目投资就是几十亿，甚至上百近千亿，如果把这些钱拿到二三线城市做项目开发，估计可以多做十多个项目。

第二，二三线城市的房价普遍较低，上升空间较大。比如说万达当时在进军武汉房地产市场的时候，武汉市中兴豪宅每平方米的价格也就在2500元左右（现在武汉沿江一带的房价最多也就七八千元每平方米）。还有万达房地产在2003年进军成都，当时在成都市最核心的地方开发了一个TOWN HOUSE，地处成都两条河流之间，环境优雅，三面环水，那时的房价也才5500元每平方米（现在成都最繁华地段的房价最多也就一万多元）。而北京和上海等大城市就不同了，北京现在四环以外的房子也快赶上每平方米两万元左右了。

第三，二三线城市泡沫少。自中央的房企宏观调控之后，其矛头就指向了许多二三线城市。比如南京、合肥、大连、成都、济南和重庆等地，这些城市的房子几乎没有闲置的，尤其是住房。就拿成都来说，2005年成都住宅开发面积近700万平方米，实际上已经销售了近1000万平方米，其中还包括很多旧房子。尤其是近年来，成都经济发展既好又稳定，加之周边区域的大力改造，于是喜欢成都的人多了，去成都买房的人也就多了，因此外商在那里投资发展的机会也更多了。

第四，在二三线城市的投资成本小，但利润率与国家一线大城市基本相同。虽然在项目的绝对利润上赶不上北京、上海等大城市，但是从回报率上而言，国家二三线城市的利润回报与一线城市没什么区别，因为其本身启动资金较少的缘故。

2011年7月9日上午，时任合肥市委书记的孙金龙在市政务中心会见了万达集团公司董事长王健林。王健林表示，在合肥市投资建设的两个项目中，其中之一的包河万达广场，即万达威斯汀酒店已经于去年年底正式投入运营，而另一个在政务文化新区天鹅湖的万达广场正在快速建设中，大概在2012年7月可以正式投入运营。

对于万达集团公司在合肥建立的两个项目，孙金龙表示，这是投资方对合肥万达项目发展的认可，也是对合肥资源环境的认可，更是对国家二三线城市经济发展的认可。自2010年年底包河万达广场正式开业以来，不仅业务效益显著，而且极大程度上提升了合肥市的商业形象和发展脚步，更为合肥市现代化服务产业的发展起到了推动性的作用。同时，天鹅湖万达广场的建设，体现出了万达集团公司高效、稳固和大气的房地产企业形象。

孙金龙说："自'十一五'以来，各个省市积极地开展并努力做好国家二三线城市的工业化、城市化两大华章，奋力推动二三线城市经济跨越式发展的脚步，并加快了现代化产业基地的建设力度，从而大大提升了二三线城市的辐射带动力和综合承载力，还带来了二三线城市人口集聚速度和消费需求的日益旺盛，推动并促进了二三线城市的业态建设与现代化服务的繁荣发展。”

孙金龙还指出，合肥滨湖新区的建设启动不足五年，建设成区已经超出了17万平方公里，常住人口达到了36.5万人，这些都为各类投资商和企业创造了更为广阔的发展空间，尤其是对休闲、旅游、商业等产业的发展起到了重要的推动作用，并激发了一系列市场需求。最后，孙金龙希望万达集团乃至于更多的投资商加大在合肥等二三线城市的投资力度，并承诺合股始终秉承“大开放”的发展理念，对所有好的项目全都给予支持，并做好一切高效的服务工作，全力以赴支持大、中、小型企业在合肥的发展。

而王健林则表示，在合肥市开拓产业，即建立包河万达广场和天鹅湖万达广场，都得到了合肥市人民政府的诚恳帮助和大力支持。通过在合肥的产业投资，他更加感受到了在二三线城市创业投资的良好发展势头，这无疑为企业在今后的道路上创造了良好的发展趋势。

目前，万达集团公司正着眼于华东、安徽等二三线城市的文化、商业、旅游以及酒店等综合项目的开发工作，并在合肥良好的发展基础上，进一步扩大投资力度，不断提高品质，提升效率，争取把所有的项目越做越好，并致力为合肥，为更多的二三线城市的发展贡献出更大的力量。

由此可以看出，在二三线城市创业同样可以成就辉煌。

第四章

二三线城市，新精英群体崛起的契机

每个人都渴望成功，希望自己成为立在鸡群中的那只鹤。然而成功也需要机会，但机会不是飞在你眼前的飞虫，也不是挂在天上的明月。有时候，它摆在那里，就在你的眼前你却视而不见；有时候，它与你擦肩而过你却熟视无睹；有时候它送到你手里，你却又将它抛在一边。成功的商人认为，“商机无处不在”，那是因为他们善于挖掘商机，不放过任何一次机会，然而对于大多数的人来说，机会又在哪里？

中国的城市已经被划分了界限，即一线、二线、三线等。在“北上广”等一线城市中，各大企业呈龙盘虎踞之象，各种行业五花八门，机会可以说是被开发得一干二净，留给别人发展的空间可谓少之又少，一线城市的高生活成本，外加通货膨胀的势头已经让普通大众喘息不已。而这时，二三线城市蓬勃发展，正是需要各类人才之时。其中充满着无限的商机以及各种不同的机会，而那里也有着更大的空间供你发展。

你还在一线城市中每天起早只为在路上不堵车吗？你还不曾注意到二三线城市的商机，广阔的发展前景吗？从你每天挤得满满的时间安排中，抽出一些来，看一看二三线城市，看一看其发展趋势。重新审视一下曾经让我们不以为然的二三线城市，那里才是新精英群体崛起的机会所在，那里才是新精英崛起的宝地！

1. 二三线城市需要你的加入

伴随着一批批大学生的毕业浪潮，就业和创业的话题也踏浪而来，无数的“杜拉拉”迫不及待地粉墨登场，一部部的创业大片也在《我的未来不是梦》的片头曲中拉开了序幕。

作为刚走出象牙塔的大学生，首当其冲的问题就是就业。很多毕业生都倾心于在大城市里谋求出路，诸如北京、上海等经济发达的一线城市，在他们的潜意识里，繁华的大都市有着丰富的资源，处处都充满了机遇。实际上，相比大城市而言，二线城市虽然或多或少地存在一些不足和缺陷，但是有些二线城市所具有的优势也是那些高度发达的大城市所无法比拟的。

大城市虽然经济发达，并且存在诸多的发展机会，但一座城市毕竟有一定的局限性，它所能接纳的新增就业人口终究有限，况且就业人口的激增也会导致竞争更加激烈。而中小城市的竞争却相对较小，稍加权衡，在中小城市所获得的就业机会并不少于大城市。

一家著名科技公司人力资源部经理吴云霞女士曾表示，在以往的若干年中，公司往往寻觅不到优秀的、在一线城市打拼多年的、积累了丰富经验的、能力出众的人才。他们只有依靠猎头公司四处挖掘，然而近些年来情况已经略微有所好转，有些在一线城市工作过几年、颇具能力的人才开始向二三线城市进发，主动地找上门来，要求到公司任职。她表示："公司用人主要看应聘者的能力，一线城市的职场竞争相对来说更为激烈，在一线城市打拼过三五年，经验和能力肯定已经历练得相当不错了。这样的人在公司一般是会得到重用的。"

另外一家企业在2011年年初有幸招聘到了一位曾经在北京任职多年的员工，投入到公司的工作中之后，效果立竿见影。他非常敬业，做事也很专业，效率相当高。于是，投入工作不久他就被公司提升了，待遇与一线城市标准相比之下只高不低。这家公司的人力资源主管表示："如果是从一线城市回归的白领，只要技能对口，我们是很愿意留住并加以重用的。"

种种迹象表明，二三线城市正急需你的加入，需要你的技能，同时也为你的技能提供优厚的待遇，这正是一个转折的关键点，一个崛起的新纪元。一线城市生活的困扰问题很多，辛苦的工作所得根本追赶不上房价的涨幅，而二线城市则不然。若是回归到二三线城市，凭借在一线城市历练的能力，获得不错的薪水，很快便能有一个安身立命的依靠，也会拥有一套属于自己的房子。没有了后顾之忧，自然能将更多的精力投入到工作中，从而更加迅速地崛起。

当然，回归也不能盲目地回归，不然损失的只是自己。

相关部门曾在全国的二三四线城市中做了全面的调查，调查结果显示，金融、医疗卫生、房地产、工业、高科技、消费品为人才需求量最旺盛的六大热点行业。

以医疗卫生行业为例，国家新政策以及相关方案的出台实施，直接引爆了广阔的乡镇以及在农村医疗卫生的市场。2010年，中国从事医药方面的公司及企业已经开始将目标指向二三线城市，积极开拓这片新的市场，这不仅使得对医药、医疗卫生相关技术领域中所涉及的高技术人员增加需求量，也使得企业对于销售人才的需求量激增，而这时乡镇、农村医疗卫生市场还是一块相对原始的市场，也是很有潜力的市场，只要你有能力，相信业绩一定会很好。

另外，智力型人才高度集中的行业，电子商务领域发展势头迅猛，因此对高技术人才与开发研究类人才需求量增大，并十分抢手。金融危机已经过去，对大多数高科技公司的影响已经渐微，高科技公司的业务量重新回归，而且现如今智能手机等电子商务领域增长得十分迅速，那么此类产品更新换代周期短，需要不停地推出新的产品，这样对高技术人才的需求十分高。二三线城市的电子商务领域相对薄弱，前景还很广阔，随着社会发展的脚步，电子商务难免要进军二三线城市，并迅速蔓延发展为成熟的体系。这更加需要专业性人才来研发更新、更适用、更有特点的产品。届时世界一流企业自然不会放过这个机会，而作为一流企业，无论从资金、设备、福利、团队等各个角度来讲，都是一个求职者，尤其是从事技术开发的求职者想要进入的。所以，回归二三线城市，进入一流的企业，不仅给自己一个崛起的机会，而且也为二三线城市建设添砖加瓦，贡献力量。

招聘会又被称为双选会，“双选”二字突显了求职者与供职者之间的关系，即是双方都在选择。从前在一线城市，求职者顶着炎炎烈日苦寻好工作却被拒之门外，在二三线城市，供职者磨破嘴皮费力劝留能力优秀者来公司任职而未果，但现在情况已渐渐发生改变。

二三线城市需要你的加入、你的回归。同样二三线城市也是你展现自我的舞台，也是你扬名立万崛起的地方。

2. “北上广”的机遇被“瓜分”完了，我们还是退居二三线吧

“哪里需要我们就到哪里去”，虽然这是一句响亮的口号，但“哪里”若是没有机遇，又有几人愿意放弃一切前往“哪里”。而机遇是成功中不能忽视的一部分，也是能否崛起的关键。抓住机遇就好比握住了成功之绳的一端，如果你有能力，通过努力一定会攀到绳子的另一端，那么你就是成功者。

北上广这些一线城市中还有机遇吗？有，但却少之又少。在这个各类行业聚集的地方，全世界的名企大户都在这里安身或是开设子公司，即使你发现了机遇也会被迅速地吞噬，这只不过是为别人编织一件嫁衣而已。

常言道：“打不起，躲得起。”而躲也未必就是一蹶不振、苟且偷生。因为还有二线、三线乃至四线城市。

中国人口与劳动问题相关单位的有关人士指出：“在未来，一线

城市的大批白领将会向二三线甚至四线城市转移，而且现象会愈演愈烈。今后各大企业对白领的争夺势必会十分明显。而二三线城市相对居住条件更优越，城市功能越发健全，这将使白领更加愿意向二三线城市流动。”正如有关人士所说的一样，二三线城市不仅仅只是适合居住。千万不要提到二三线城市便只是想到这个优点，如今的二三线城市功能也愈见全面，在国家政策的调控下，二三线城市的建设飞速发展，而发展离不开各种各样的人才，所以在二三线的城市机遇遍地都是，只看你能否拾起并紧紧抓住。

在更加宜居、生活成本更低的二三线城市成功发展的企业比比皆是，其中也不乏我们耳熟能详的。

麦包包，被中国业界誉为“中国箱包第一品牌”，也是第一批在阿里巴巴网站上对外交易的企业。麦包包创始人叶海峰当初创立公司就没有将地点定在一线城市，因为麦包包的特点之一就是别人有的麦包包也有，而且价格更实惠；而别人没有的，消费者们也能在麦包包上轻松地找到。麦包包第二个特点便是麦包包采取薄利多销的经营方式，薄利多销盈利的关键则在于多销，而多销的关键则在于薄利。叶海峰之所以没有将公司建在一线城市，更多的则是因为一线城市的成本过高而二三线城市成本便宜。然而麦包包也不缺乏人才，麦包包在两年前组建了公司的高层管理团队，目前的高管层中有相当一部分人来自北京等一线城市。“最早与他们谈的时候很困难，但在这里待过一段时间后，他们就不愿意走了。负责麦包包供应链的主管曾经在外国知名企业从事过几十年的工作，运营总监也是从其他大公司放弃了十分优厚的待遇而来的。”叶海峰接着说，“在小城市这个环境里，我们做的是大城市的事。”而这其中自然是这些人看出了麦包包的发展前景，而且相对舒适的生活环境也一定占据了不小的比例。试想求职的第一方向自然是发展前景，但若是相同的前景不同的生活环境，自然是越舒适越能吸引人。谁又愿意每天总有几个小时浪费在无谓的路上，晚间睡在狭小的空间中呢？而二三线城市就是前景与舒适的生活条件、鱼翅与熊掌兼存的地方。

麦包包的实例不正说明了二三线城市中的机遇吗？一个新兴的企业未必就一定在大城市发展，因为二三线城市中更容易站得住脚跟，更容易得到迅速的发展，这不只是有着一定实力背景的创业者的机遇，也是一般创业者、打工者的发展机遇。

然而对于企业来说，只是宜居与低生活成本，毫无市场也是不行的，那二三线城市的市场又如何呢？

中国信息资源相关人员卢华曾在汽车市场研讨会上表明，未来的十年中，二三线城市将会在我们国家市场中占有主要力量。按人口比例分析，一线城市在全国人口中占有14.9%，约为1.4亿人口。而二线城市占有四分之一，那就是二线城市有3亿多人口，三线城市则更多。而现在的市场份额分布则为一线城市占有33.1%，二线城市占有40.1%，三线城市占有28.7%。但未来的市场会因为人口的因素进行偏移，也就是三线城市会大幅度上升，一线城市会下降。而且这种趋势是一个必然的结果，是不可抗拒的。我国现如今的市场份额依靠的是购买力，一线城市的购买力相较于二三线城市更大，所以现在一线城市所占的市场份额更高，但是未来随着我国经济的飞速发展，二线以及三线城市随着国家GDP的发展，其购买力会稳步增加，届时二三线城市所占的份额就会大幅度提高。

卢华的道理不仅仅体现在汽车市场上，更可以普及各行业中去。商业，无非是买、卖。有人买才卖得出去，才能达到盈利，而买靠的消费人群，是人。虽然现如今一线城市的个人消费额要远高于二三线城市，然而在中国飞速发展的脚步下，中国正发生翻天覆地的变化，人口GDP也会飞速增长，届时二三线城市才是市场的主体，拥有着更多的消费人群。到那时再想要抢占市场一定会比现在困难得多，若现在便进驻二三线城市，等到那一天你就是“地头蛇”，“强龙”难压“地头蛇”啊！

然而现在二三线城市的优势越来越明显，动车组线路四通八达，更是拉近了城市与城市之间的距离，京沪高铁的通车更彰显了中国超高速列车发展的快速进程。中国的交通日益发达，而交通的发达直接带来二三线城市更加快速的发展。既然“北上广”的机遇均被先富起来的人瓜分完毕，那我们何不退到二三线，去寻找机遇，从而成为后富起来的人，更何况现如今的一线城市通胀问题如此严峻。

3. 通胀加剧，还是二三线城市有盼头

通货膨胀是指一个经济体在一段时间内货币数量增速大于实物数量增速，物价水平普遍上涨，于是单位货币的购买力下降。简单地说，就是人民币的贬值。举个普通的例子，就是原本十元能买到三斤的鸡蛋，现如今只能买到两斤。

根据国家相关统计部门在2011年得出的数据表明，2010年中国全年居民消费价格指数（CPI）呈现持续上涨趋势，从2010年年初的1.6%连续跳跃至11月5.2%的高位，12月份CPI更是比往年同月份上涨将近4.61%，环比上涨幅度为0.49%，全年综合涨幅为3.3%。去年由于物价的飞速上涨，网络上出现了一些“物价新鲜词”，例如“蒜你狠”、“豆你玩”、“油不得你”、“姜你军”、“糖高宗”等，各种新鲜词在网络中疯狂传播、恶搞、戏说的同时也反映了通胀的严重性。2011年物价飞涨的态势不仅没有得到控制，反而有愈演愈烈的态势。相关部门称2011年三月份通胀为5.5%，四月份为5.4%。但是更

多的老百姓认为官方发布数据相较实际情况偏低。

综观通胀的原因，大致可总结以下几点：

第一，自然灾害引发了农产品歉收，导致农产品物价上涨。

第二，国家政策调控，导致物价上涨。

第三，货币发行量过大及热钱的进入。

第四，内工业化加速和生产要素价格上升。

抛去国际因素不谈，只观国内因素。农产品的物价上涨与我们最为贴近，菜价、粮食作物等价格的上涨直接带来生活成本的提高。吃饭问题也间接影响你的工作，农产品价格的上涨使每月开销增加，然而想要将原本收支比例拉回，从支出一面已经难以做到，毕竟这并非一两个人的事情，所以只能从提高收入下手，这无疑变相增加了行业中的竞争力，只有更高的业绩，拿到更高的工资才能在城市中生活得更好。

北上广等一线城市，虽然拥有自己的农产品产地，然而因为每年都会有大量的人流涌入一线城市，导致一线城市不断扩建，在农田、平地上立起一座座高楼，以北京的大兴、通州的飞速发展不难看出其中的端倪。这就直接导致北上广这些一线城市农产品产地不断减少，自给的农产品不断减少，更多地则需要在周边城市引进。而一线城市的道路虽然四通八达，但迫于更多的私家车的压力，一线城市的整体交通状况并不好，这也从侧面增加了农产品进入的成本。

然而二三线城市则不然，二三线城市虽然在飞速发展，但在城市的周边地区还有大量的原生态土地，并以村落为主。有大片的农作物基地，每天都有大量的农作物向城市中流通，只要不绝收，交通不瘫瘓，那么城市中就不会缺少农产品，生活成本相对较低。

通胀的另一个影响就是货币的贬值，那么如何让手中货币的价值保持不受到损失，如果应用地好还能在通胀中达到盈利，而二三线城市就拥有这样的商机。

“在通胀来临时，相对于黄金，房地产更具有保值功能。在中国，高档楼盘的泡沫要小于中低档楼盘的泡沫。”“在全球经济普跌和中国通货膨胀严重的情况下，长期来看，购买房产可以有效对冲通货膨胀风险。”这是著名经济学家郎咸平教授在北京“2011年中国宏观经济走势及高端物业发展趋势”的演讲中，谈及在他眼中我国2011年经济走势的判断。郎咸平表示，在我国经济受到各方面冲击之时，人们生活所必备、必需的产品以及高端产品通常情况下并不会产生大的波动，所以房地产很容易就成为投资的选择，以降低因通胀带来的经济损失。郎咸平教授在博客中也曾说：“面对通货膨胀，更加速财富的重分配，有钱人、富裕人通过投资最保值的高端楼盘达到避险的功能。”

生活必需品与房地产的投资，无疑在二三线城市更具有良好的未来。就以房产来说，北京的房价已然高到了顶端，若想要在北京买房投资无疑风险巨大。第一，需要的资金并非小数，一旦失算后果严重。第二，北京等一线城市无疑是国家调控，打压房价的主要目标，这也是未来房价走势的影响因素。而二三线城市则是不同的情况，下面就以石家庄为例。

在制定的规划中，北京经济圈将扩大并辐射到河北省。北京规划的重心变更将直接影响到河北省的楼房价格。其中尤为突出的是对高端物业的影响。最近几年中，国企与民营企业都将目光放到了二三线城市。越来越多的二三线城市出现在地产开发商们的口中，已经成为一些强力地产开发商的选择。仅去年一年时间，恒大地产、万达集团等强有力企业就已经先后进入石家庄。相关部门调查后得出结论，在去年前十个月中河北房地产投资完成1865亿元，同比增长50%，并且楼市的销售异常火暴，销售额增加83%。分析原因不难得出这样一个结论：石家庄房地产市场就是一块“价值投资洼地”。这全因石家庄房地产的总体格局，虽然该市房地产较以前有了一定起色，但还是存在问题，如差异化不足，高档住宅稀缺，整体市场水平极其有限，房价与同类城市相较更低等。还有北京的豪宅市场受到国家政策严厉干预，但新的城市规划使得北京外围河北有了建设豪宅的市场，因其地理位置的关系而更受置业者的追捧，这些都是河北乃至石家庄成为价值投资洼地的重要原因。

中铁置业、万达集团、北京城建、恒大地产等全国知名房企都将目光对准了二三线城市，看中了其中的机遇。这说明二三线城市的前景一片光明。**一线城市的发达，在世界级危机到来之时也成了危险，正如商业圈中的利润与风险是共存的，在这种危险中更容易受到伤害，自我保护能力相对更弱的则是中下水平的“打工者”们，如此看来，现在的二三线城市才是“打工者”们崛起的最佳选择，二三线城市中有着更大的希望，有着更多的盼头。**在这些名企进入二三线城市的同时，也需要大批的人才，这时，一些在一线城市已经打拼多年的白领无疑就是二三线城市新精英的主力军，毕竟在一线城市的竞争十分激烈，严酷的环境下往往成就非凡的人才。

4. 留在北京我是“小白领”，离开北京我是“大精英”

有句俗语：“宁做鸡头，不做凤尾。”在古代这是不攀附权贵的说法，宁愿在小的环境下当个头目快速成长，也不愿在显赫的处境中当最末的一个。

现如今中国商业竞争愈加激烈，一线城市各项成本迅猛提高，实力雄厚的企业还可依靠本身资金以及经验、人脉大展手脚，那中小企业又如何在这残酷的条件下存活？因此，人才就成了大家竞相争夺的重点。“重金之下必有勇夫”，而大量的“勇夫”受到诱惑蜂拥而至，更“勇”者才会成为新的“勇夫”，而之前的大部分“勇夫”又回归了平凡。就如每年都会有大批的高考状元涌入人才的聚集地——清华或是北大。原本的状元们聚集到一起汇集成的是“状元群”？那只是外人的看法，这里的高智商人才遍地都是，你的“状元”称号从何谈起？它只能留在你的故里，就如你头顶精英的光环变成了普通的白领。

北京相对于学府的校园则是更大的人才聚集地，每年不知有多少国内外各行业领域的精英，融进北京的生活中。但原本的人才忽然进入了一个大家“半斤八两”的世界中，他还能有出类拔萃、鹤立鸡群、“高人一等”的优越感吗？俗话说，“一山还有一山高”。

达尔文的物竞天择理论中有这样一段故事：

一群群居的长颈鹿，原本它们的脖子并没有现在人们看到的那么长。当其中一些基因突变的长颈鹿有了更长的脖子后，它们不仅能吃到稍矮的树叶，也能吃到更高、更好、更充足的树叶。一代代繁衍、突变的长颈鹿将这个优点传播下去。因为吃到的树叶更优质，这一支脉的长颈鹿数量更多了。当低矮的树叶被吃光的时候，长脖子便发挥了优势，它们继续吃着树顶的叶子，而那些无能为力只能昂头羡慕的矮脖子长颈鹿们只能空腹忍饥，最终不甘地倒在地上。矮脖子长颈鹿的眼中只有树叶，它所能用的方式也只能依靠本身的技能，它不会像猴子般攀爬上树，也不能如狮虎般猎杀食物，最后只能粮尽而亡。

它们为何不换一片森林，去那不远的灌木林中？

动物里只有长颈鹿的脖子最长，即使是那最矮的长颈鹿。虽然在群体中它们处于劣势，然而换个角度，踱上几步来到其他物种的森林，它们的劣势转瞬之间便又成了优势。又怎会到那望食而死的悲惨地步？低等的动物不会融会贯通，那么拥有智慧的人呢？

繁华的一线城市无疑是一个锻炼人、培养人的地方，但却未必是一个值得所有人生活一生的地方。这里与世界毗邻，这里有最高端的技术，这里有最快最新的动态，在这里你必须跟着快步前进。即使这样，或许也会因跟不上节奏而被抛下，与其因不适而被抛下，倒不如潇洒地退一步。

柏杨先生曾经发表过一个观点：不要认为弯下膝盖就是懦弱，这其中分为两种情况：第一种是心胆俱裂，胆战心惊，丢掉了灵魂，“扑通”一声跪下来，这是懦夫；还有一种是先弯一下，然后往上一蹦——因为人只有蹲下来以后才能跳得更高——如果是为了将来跳得更高些蹲下来一下，这是英雄。

正如柏杨先生所说，弯下来正是力量的积蓄，是为了高高一跃积攒力量。现如今的一线城市，各大知名企业已经筑起了一道高高的墙，飞涨的房价、物价，各项庞大的开销就是这道墙的砖石。在这里你只能算做一名小小的白领，不妨退一步，退到二三线城市去，便华丽转身，成为那里的精英。谁人不爱才？在这里会给你更加宽广的空间任你发挥才华，会有更有力的支持供你大步向前，会有一线城市不能给予的政策之风。

以成都市政府对电子商务政策倾斜为例，成都市商务局推出“一半推动一半”政策、建立相关企业园区等相关举措，将口号付诸行动，力争打造西部电子商务基地。政府的相关政策出台对于在这一领域中的高端人才来说不可谓不是一个很好的机会，在这个浪尖应该抛开一线城市成熟市场的诱惑，运用积累的经验以及技能到成都去，相信在特殊的环境下一定可以成为这一行业中的精英，千万不要犹豫到政策消失时才想到要珍惜。

我国某大型招聘网站人力资源部长及职业发展顾问曾说道：“在我们网站上的求职者们需要填写自己求职最理想的城市，可以选择单个或多个。从今年年初到现在，北京被选择为最理想城市的比例下降了1%，上海同样下降了1%，而其他的一些二三线城市被选择的比例却有不同程度的增加。”可以看出一线城市对于求职者的吸引力正逐步减小，而二线城市尤其以各省会直辖市为主，对于求职者的吸引力正不断增加。这说明一线城市的白领们已经有人意识到了这点，他们即将重返二三线，而这时的他们不再是白领，而会成为精英，相比之前更加成熟的精英。借助于政策之风，精英们的未来就如顺水而下的帆船又遇到了有利的风势，快马加鞭地奔向成功。

“留在北京我是‘小白领’，离开北京我是‘大精英’。”白领也好，精英也罢，都不是自己对自己的称呼，而自己可以用自身价值争得别人的尊敬。他人眼中的小白领如果一旦进入二三线城市，沐浴在优越的政策之下，站在相对低廉的基础条件之上，发挥自身所长开创属于自己的天地，成为区域甚至领域的领路人，那么你就是精英。

5．守株待兔不是长远之计，二三线城市崛起新商机

世上没有免费的午餐，也鲜有撞树的兔子，守株待兔毕竟不是长远之计，一个公司、企业的发展自然需要商机，那么二三线城市的商机如何呢？

首届尼尔森中国论坛已经在沪顺利召开，同期发布的行业研究报告指出，中国的二三线城市蕴涵着巨大的商机，未来会在汽车、金融、零售等各个领域具有持续的增长潜力。对企业而言，掘金于二三线城市不仅仅是“制胜中国”之道，也将促进中国内需发展并推动经济向可持续性道路转型。中国正在向着全球金融服务大国这个远大的目标昂首阔步地迈进。尼尔森已在全国范围内18个城市做了深入调查，调查数据显示，66%的国内消费者已经拥有了储蓄账户，另外，有64%和35%的消费群体已经分别持有借记卡以及信用卡。而随着中国市场的迅猛发展，这些数字有望在接下来的几年中持续增长。其

中，二线城市的增长潜力尤为突出。

在过去的五年时间中，中国的汽车市场每年都增长20%，使得我国的持续增长速度成为世界第一。尼尔森公司曾经预计，在2010年我国汽车整体销售量可增幅24%，而事实证明中国汽车增幅已经超过24%。然而，中国汽车市场吸引人之处并非销量的增长，而在于中小城市汽车市场的崛起。

随着二三线城市的发展，二三线城市居民收入以及生活水平将会稳步提高。在二三线低成本的生活开销基础之上，人均储蓄也会渐渐提高，人们渐渐追求更高的生活水平，而汽车、金融、零售领域明显与人们的生活水平密切相关，因此，二三线城市的潜在市场极其巨大，这也正是极大的商机。

汽车、金融、零售的领域还相对集中在市区，但二三线城市还有大面积的农村，那农村的商机又如何呢？

以农产品为例。农产品是农村最为突出也是繁华的都市比拟不了的东西，而它又是人们每天生活所必备的东西，对谁来说都是不可或缺的。过去的农民不懂得利用优势，只知道种植固有品种，如大豆、高粱、玉米等。但随着城市的发展，网络的普及，现在的农民已经知道种植适合土地的品种，以期达到优质、高产，但有时却会出现积压情况。城镇与乡村之间道路匮乏，路况维持情况差，销售模式古板，目光只看到眼前的片面市场等问题，都严重阻碍了一些优质农产品的推销，甚至出口。难道这不是商机吗？现在的二三线城市已经开始注重自身城镇与乡村之间的联系，并投入大笔资金铺设道路——县级路、市级路、高速公路。但朴实的村民依旧寄希望于主动上门的购买商，很少主动将农产品带到外面销售，而城市的居民更希望吃到原生态的更加优质的农产品。而这种供达不到需、需得不到供的问题或多或少地都存在着。

如吉林省九台市的上河湾等镇。上河湾镇从前只有土路，交通不便利，从而导致镇中盛产的优质芸豆积压。后经九台市投资一千多万元修建了公路，全市三百多个村落实现了村村通。交通发达之后，上河湾镇村村之间也修起了水泥路，上河湾镇全面种植芸豆，面积高达3000多公顷，年收入一跃达到2000多万元，成为名副其实的“中国芸豆之乡”。另外，卡伦镇实现了村村通之后，全镇人民敢于大面积种植蔬菜，全镇耕地面积的三分之一全部投入蔬菜种植，其种植的黄瓜、香菜等远销吉林、沈阳等二线城市，任家村的特色快菜更是打入韩国，使得任家村农民人均收入达四千多元。另有其他村镇实现交通连接后找来企业投资建厂，增加村民就业，更形成“农家乐”旅游景区。

步步高集团董事长张海霞曾说道：“大家都知道，毛泽东当年领导中国革命有一个伟大的战略，叫‘农村包围城市’。当时，我们把这个战略也称为‘农村包围城市’。这就像一块平地，已经种满了‘大树’，想再种‘大树’已经很难。我们不妨在‘大树’的周围种上‘小草’，小草虽小，但若不断繁衍连成一片，就可能将‘大树’包围。”

在二三线城市中还有着许许多多的“小商机”。

时光荏苒，历史不断地被书写。80后渐渐成为创业、任职的主流、生力军。而80后更欣赏一些稀奇古怪的东西。当你看到别人的桌子上卡通纸巾筒，抱枕模样音响，憨态可掬的小人牙签盒，自然会生出想要拥有的心理。这就是刚刚崛起的商机——创意时尚潮流用品。

随着大众消费水准的不断提高，人们对生活情趣的追求也不断提高，而时尚、高品质、个性越来越成为人们生活、工作中不可或缺的重要主题。家饰重要性的凸显使得时尚潮流饰品成为单位、个人赠送的时髦礼物。国内时尚的具有鲜明创意理念用品的需求量在消费能力提高的带动下变得格外宽广。但是，市场调查显示，目前此类产品相对分散，仍处于具有“品种少、无品牌”等众多缺陷的初级发展阶段，并且在绝大多数二三线城市目前还没有此类商品的专营店，因此在我国还没有将专业化时尚品牌引进市场的前提下，给了许多个体经营者以发展空间。

中国有句俗话，叫“早起的鸟儿有虫吃”。意思再明白不过，就是说要抓住先机，先行动的人能够获得更多的回报。牢牢抓住空白商机，这将是一个崛起的最佳时机，在前期这就是垄断，垄断的收获有多大，能够得到多少利益不用言传，你也意会得到吧？

二三线城市中充满着无限的商机，未来的二三线城市中的大小企业一定会如雨后的竹笋一样快速成长，节节高升。

6. 临渊羡鱼，不如退而结网——如何在二三线城市崛起

二三线城市遍地商机，然而你抓不住的话也是徒然。那么该如何在二三线城市崛起呢？

古人说得好：“临渊羡鱼，不如退而结网。”“临渊”即在一线城市打拼。“羡鱼”自然是看着一家家盈利的企业而产生的羡慕之情。那么“退而结网”正是在预示退到二三线城市，去缝结属于自己的渔网，下海经商，撒网捕鱼。这也正是在告诉你，在一线城市苦苦打拼、羡慕他人不如退居到二三线城市打造属于自己的帝国。

然而，这其中还牵扯着结什么网、该如何打鱼的问题。

谁都知道空白的商机最容易操作，也是很有潜力的，虽然现如今的城市与城市之间距离很近，网络的普及让信息有了更快的传播速度，但一线城市与二三线城市的差距依然存在，一线城市与二三线城市的商业结构，乃至于商业种类还存在一定差异。

比如最初的网吧。1994年世界上第一个网吧在伦敦开业，时隔四年，中国的网吧如海潮般迎面扑来。网吧对于1998年前的中国不就是空白商机吗？如果当时的你在伦敦见证了网吧的优势，预见了网吧未来在中国的市场，相信现在的你就是中国网吧行业的鼻祖。所以在二三线城市崛起有一个非常实用的方法，那就是找到一线城市与二三线城市这个空白商机差异，而这种空白商机在一线城市已经有了先例，有章可循，甚至你完全可以按照固有的模式抄袭下来，搬到二三线城市去。

但事情也绝非如此简单，到二三线城市去创业也是要有所准备的。

首先便是选择你想要前往的城市。选择城市则因人而异，你可以选择拥有众多好友、亲人的老家，在那里你会更加轻松快乐地工作，并且拥有主场的绝对优势，这与美国的NBA全然不同，主场的优势只会让你信心倍增，不会给你带来过多的压力，特别是对于在一线城市背井离乡打拼多年的人来说，回到家乡会有多么温暖，只有自己才能体会，不曾经历的又怎能知道。你还可以选择在心中已经憧憬了许久的城市，比如风景甲天下的苏杭、高山林立的四川、拥有热带雨林的海南等，喜欢就去追求。

其次便是了解市场。孙子有云，“知己知彼，百战不殆”。想要在你的目标城市站住脚跟，并开拓事业，对目标城市的市场调查不可小觑，它直接影响着你能否成功地将自己的事业做起来。就好比你在回民的聚集地开设养猪场、屠宰场，这根本就是不可能盈利的事情。所以要事先对目标城市有一个全面、深刻、仔细的调查。这里面包括风土人情、劳动力、潜在市场、优势资源政策等许多方面。

最后就是要选择一个合适的项目。空白商机自然是最理想的，但它的局限性也很显著，因为现在社会信息的传递速度快到了难以想象的地步，谁会让赚钱的机会白白溜走，所以对于空白商机，最关键的便是速度，一旦发现一线城市某个种类在二三线城市还没有，而且又将成为一种趋势会被大家接受的，千万不要犹豫，该出手时就出手。再举个例子，团购是新近几年才出现在大家眼前的新兴消费方式，其中不乏薄利多销的因素，而这种方式可以让消费者直观地感受到便宜、优惠，所以深受广大网络消费者的喜爱，甚至原本不喜欢在网络消费的人都因此而使用上了。当团购的优势体现出来以后，二三线城市中团购网站纷纷开立，众多一线城市知名的团购网也将企业延伸到二三线城市，但即使这样，本地的一些中小企业依旧有着很大的发展空间。

那么好项目具体的特点又有哪些呢？

项目的好坏也因人而异。对于大多数创业者来说，他们并非有资金雄厚的父母做靠山，在一线城市高生活成本的压榨下也没有太多的积蓄。对于这类人群来说，好项目的第一个特点就是成本小，较小的店面、不用华丽的装修、不用雇用高技术人才，从小做起，前期可以赚得少一些，但前提是一定要盈利，一点点积累，再扩大规模。第二个特点就是转化率要高，即成本的回收过程不宜太长，因为小成本创业，没有太多的流动资金，长周期的转化或许获得的利润更高，但很可能你还没有等到收获利润，就已经被迫关门大吉了。第三点就是同行业的竞争，如果你非要与国际一流的行业竞争，在虎口中夺食，不是不能成功，但相信机会一定很小。而相对竞争不那么激烈的种类就容易操作一些。第四点，能发挥创业者本身优势，利用到创业者本身积累经验的。俗话说最适合自己的才是最好的。总之，一个最适合自己的项目要从各方面去衡量，要有果断的决心，冷静的判断力才能发现一个好的项目。

无论从哪个角度来看，在二三线城市创业相较一线城市要容易得多，尤其适合曾经在一线城市打拼了多年的人们，毕竟一线城市中让人视野更加开阔，眼光更加犀利，看待问题更加成熟。而二三线城市的条件或许落后、原始一些，但这些也可以转换为优势，未曾开垦的土地或许是贫瘠的也可能是肥沃的，这就要看你的眼光以及能力了。

7. 要具有前瞻意识——一定要看到二三线城市为你做的准备

二三线城市的前景虽然广阔，但也要避免盲目跟随，不要看到大部分人离开北上广深这些一线城市，你就以为二三线城市遍地黄金等着你去捡。在没有任何调查、一无所知的情况下，前往一个陌生的城市，这么做只会给你带来损失。

机会是留给有准备、有前瞻意识的人的。

那么何谓前瞻意识呢？所谓前瞻意识，就是一种超前意识。具体来说，就是在科学把握现实国情、社情和本地本部门工作实际的基础上，面向未来、着眼长远，形成对当前及今后一个时期事业发展走向的清晰判断和科学预见。当今时代，经济全球化和世界多极化深入发展，科技进步日新月异，全球思想文化交流、交锋、交融呈现新特点，综合国力竞争更加激烈，在这种激烈的竞争环境中，正应了那句古语："一着不慎，满盘皆输。"而避免这种结果就需要具有前瞻意识。只有具有了前瞻意识才能具有长远的战略视野，对不断发展变化的客观实际增强预见性，从而在事业和工作中更加主动、更有创造性。

而大多数人缺乏创新精神，并安于现有情况，其思想观念还停留在原来的位置，加之对二三线城市有着错误的判断，因此他们宁愿在一线城市做一名“蚁族”也不愿奔赴二三线城市展开奋斗，因为他们既怕在一线城市难以立足，又害怕回到二三线城市得不到应有的待遇，发挥不了自身能力。

然而人才的流通也不是单方面的事情，那么，二三线城市对于吸纳人才做了准备吗?

事实证明，二三线城市已经有所准备了。各个二三线城市都在为自身建设使出浑身解数，吸引具有丰厚家底的强企进入，招商引资以加快自身城市建设，并且推出相关政策，提倡自主创业。素有“共和国长子”之称的沈阳除了吸引大批世界级重工业企业进入之外，还对个人创业提供了多种优惠政策。首先就是在经济方面的支持，小额贷款中相较微小的利息由政府财政全部承担，并针对不同人群制定不同的额度。并对创业者进行补贴，申请创业补贴并且属于首次自主创业的一次性给予4000元的补贴；设立创业项目推荐机构，为创业者提供更多的创业选择，并针对个人规划好的创业项目；对创业者进行经营场地房屋租赁补贴等一系列的贴心政策。

而且众多二三线城市在利用本身地理等特有优势吸引单一或有限方面的企业入驻之后，开始向多元化方向发展。如2011年7月，福州为支持动漫产业出台了包括播出、资助等配套的二十多个项目，共

400多万元资金。福州为开发动漫产业可谓下足了工夫。正如福州市某机构人士所说，福州的动漫产业呈现良好的上升趋势，无论从质上还是量上都有不同程度的提高，在福州原有的产业以及政府的帮助扶持下，福州动漫正快速地发展。自去年以来，福州市政府不断对动漫产业增加帮扶力度，为动漫游戏产业的发展提供了政策支持。第一点，对动画片的播放采取播出分钟的奖励制度；第二点，鼓励动漫游戏发展其衍生行业，对产生版权收益超过500万元以上者实行奖励；第三点，作出详细规定，对动漫行业中产生的精品给予奖励。政府的奖励不仅吸引更多的动漫企业加盟，而且对于已经加盟的刺激其竞争，这无疑也刺激了企业对于人才的需求，而对人才的把握，自然需要以各种优厚条件留住人才。

现如今各个二三线城市已经依托自身成熟的企业，加上政府出台的相关政策给予扶持，开始发展其他种类行业。进一步完善已有产业，并划分各产业园区，增强硬件配套设施建设。而且对想要转行、进军其他领域的人也准备了相关的培训机构，并负责培训完成后任职的推荐工作。

二三线城市的魅力已不是仅仅依靠优美风景、适宜的生活条件之类的人文环境，而是正在向着产业政策、人才政策、经济环境和社会管理等多方面进军，提升二三线城市魅力，吸引企业投资商，从而进一步吸引人才，吸引优秀青年来到二三线城市工作甚至安家。如今的二三线城市也不再是提供片面的机会，它已经开始向多元化，更丰富的创业、就业机会发展。现在正是二三线城市觉醒的时刻，而二三线城市也已经做足了准备。

8. 二三线城市是薪水崛起的处女地

在社会的熔炉中创业者只是一小部分，而大部分人都属于“打工者”的行列，打工者未来的希望绝大部分依靠每月一次的薪水来铸就。

“一线城市的生活成本高，但薪水也高，个人可以咬牙艰苦一些，省吃俭用还是可以积攒下一些的。”或许很多人都有这样的想法。然而北京的房价呢？房价的涨幅就如同直上直下的客货电梯，而你即使挺得住，咬牙坚持奔跑在楼梯上，却依旧难以追赶。

那二三线城市的薪水就那么让人难以接受，没有希望吗？

当然不是的。经济危机的势头已经渐渐过去，经济形势开始好转，企业招聘力度不断加大，人才市场越发活跃，各企业对员工开出的薪酬以及招聘毕业生的起薪也已经普遍上涨。我国经济从2009年年初达到最低谷后开始回暖，保持加速增长，2010年我国的国内生产总值达到遭受金融危机以来的最高值，即10.4%。2010年我国员工平均薪资增长率也突破十年内纪录，创下了12.3%的纪录。另外，有关部门在全国范围内调研得出报告显示，我国人均薪酬增长率，二三线城市的速度要明显高于一线城市，显然二三线城市将以薪资待遇为筹码提高人才竞争力。

薪酬的增加一定会刺激消费，刺激到物价、房租等的增长吗？这也未必。它的增加只是在提高你储蓄里的数字，提高你的生活水平。在北京，500元的住房开销只能让你租住到一间10平方米的小空间里。房间里除掉一张床，一张桌，剩下的空间连站立都容不下。但若是你愿意忍受艰苦以博得未来的房子更大一点，那么在二三线城市你可以用一半甚至更少的钱租住到这样的“蚁穴”。更甚者，在三四线城市，500元已经可以租住到80平方米的房子，这对于一线城市来说是多么奢侈。

求职，几乎每个人都更加愿意加入到大一些的企业，能获得锻炼以及更好的经验暂且不提，大企业的薪资待遇也更加完善，相对也更高，因为待遇也是能否留住人才的一个重要因素。2010年在对民企500强企业的调查中显示，处于一线城市的仅仅三十多家，其余更多地都分布在非一线城市，如此多的强企在二三线城市中，自然带动二三线城市的建设，对于打工者的相关福利待遇也日渐完善。

而2010年，以汽车行业薪资涨幅最快，达到13.9%，居各行业排名之首。汽车行业的发展势头依旧保持良好，2009年产销量世界第一，2010年汽车业的生产以及销售依旧持续增长，而此类增长的背后则是对业内人才的激烈竞争，而竞争的手段中薪酬的提高无疑是最直接、最有效的办法。其中二三线城市将是汽车行业进军的新目标，二三线城市人群更有购买力。而二三线城市汽车行业的人均薪酬增长将会超过预期目标。

在2010年的调查中，房地产行业的薪资增长幅度仅位居第三，但2011年却猛增为领先地位，一跃成为第一，而二三线城市更加突出。2010年全国房地产完成投资同比增长33.1%，销售总面积和销售总额同比增长率分别为10.12%和18.4%。同时，房地产行业已经走过了二十多个年头，逐步进入成熟期，已经开始将战略目标转向二三四线城市，主要产品由产权出售性向自己持有产权向外出租性等方面拓展，并且向出租性物业、商业物业的建造和持有等方面拓展。在发展模式转型的过程中，建筑设计、投资并购、招商租赁等人才对于房地产企业的产销有着直接影响，所以对此类人员的竞争越发激烈，无疑房地产开发商将以提高薪资待遇为主要手段，这也直接导致房地产行业的薪酬上调。在二三线城市中无楼区、老楼区还四处可见，这都是房地产行业未来的商机，也是房地产行业“打工者”未来的市场。

从2011年9月1日起，个人所得税起征点从原来的2000元提高到3500元，现在国家已经通过有关会议对个人所得税进行了修改，这场已经被人们关注许久、悬念丛生的个税起征点终于得到了解决。这次个税的调整将直接减轻工薪阶层以及百姓的生活重担，尤其是原本处于二三线城市工资水平较低且属于中低收入人群的工薪阶层。各地物价上涨，百姓最低工资标准将会随之不同程度地提升，然而若个人所得税依旧保持原状，那工资的上调效果明显会大打折扣，因为原本纳税的工资涨过后纳的税也会随之增加，其实际获得的涨幅薪水并没有预期的好，而原本便处于低收入人群工资调整以后进入到纳税阶段，涨幅效果同样受到削弱。然而个税调整过后，对于二三线的“打工”人群来说无疑是一个好消息，正如一名普通的工薪阶层王先生所说：“作为一名普通的工薪阶层，我们没有学者的经济学理论头脑，也没有政府决策机构的宏观远虑。但是，我们切身的感受，希望能作为学者研讨和政府决策的依据。个税起征点的提高，可以让我们这些低收入者从个税的负担中解脱出来。”

无论从国家的政策，还是从各强企的战略来看，其方向都在从一线城市向着二三线城市转变，随之而变的便是二三线城市人群的生活，而工资正是其中变化的一个方面。毕竟中国二三线乃至四五线城市更多，提高人们收入，提升人们生活质量是主要问题。跟上政策，看准方向，抓住先机正是聪明人所做的事情，而工资的数字中有着很大的一块与所谓的“工龄”相挂钩，那么还不趁大批的人流还未从一线城市涌入二三线城市，赶快到那里寻找合适的工作积攒“工龄”。

9. 二三线城市为新精英免除后顾之“忧”

在二三线城市拥有发展潜力、充满机会的背景下，对于后顾之“忧”的考虑也成了精英们是否崛起的重要因素。谁能为新精英崛起提供机会，到底是一线城市还是二三线城市？在竞争中，排除后顾之“忧”的因素为二三线城市一方增添了一个很重的砝码。正是没有后顾之忧才能一往无前，才能更快地崛起。

每个人的一生所追求的东西不同，或许有的人就是为了工作而生，但我想大多数人都不是。即使努力地创造个人财富，积累金钱无非也是为了提高生活质量，带给家人更多的幸福。那么幸福指数就成了很多人评价一个城市是否适合一生居住的标准。道理很明显，如果一个城市不能带给你精神上的快乐，身体上的舒适，即使可以捞到再多的金钱也不过是一个积累财富的途经站，毕竟不是可以停留一生的地方。既然是途经站，那么早晚都会离去，去寻觅一个值得自己将剩余的生命投入的地方，毕竟人并非迁徙的候鸟。这就是崛起的后顾之忧，无论你如何崛起，能不能崛起。而崛起并没有一个准确的定义，辉煌者如比尔盖茨，成就世界首富；一般者如置房，买车，给家人一个舒适、优厚的生活条件；甚至标准更低一些，赚得“一亩三分地”吃穿不愁，将孩子抚养成人，供养老人安度晚年。只要改变你认为困窘的现状，达到你的目标，何尝不是崛起。

这后顾之“忧”却也因城市的不同而程度不同。

在2009年，新华社某周刊就已联合中国市长协会相关部门主办了“2009中国最具幸福感城市”调查。这是一个以关注城市幸福度指数为目标的评选，在百十个地、县级候选城市中包含五十多万人的独立入户调查，全国各地参与报纸、手机短信和网络问卷调查者，累计两千多万人，可以说具有很高的可信度。而杭州一举夺冠，成了幸福度指数最高的城市，与杭州一同获得最具幸福感城市殊荣的，还有成都、宁波、西安、昆明、长沙、南京、银川、南昌和长春等城市。这些城市有一个共同的特点，那就是它们都属于非一线城市。一线城市之所以并未入选，并非是因为一线城市没有这些城市发达，反而是因为太过于发达，各方面的压力急增，导致了舒适的程度下降。

现在的二三线城市已经形成了“磁铁效应”，所谓磁铁效应就是说二三线城市对于人们已经有了吸引力，让人不由自主向二三线城市靠拢，而这吸引力的产生很大一部分是因为二三线城市的幸福指数较高。二三线城市的房价、生活开销等相比一线城市更加实在；二三线城市的稳步发展、招商引资使得二三线城市同样具有可发展的未来；二三线城市也正在积极筑巢，以引得凤来。在这些条件下，气候、生态环境就是二三线城市显著的优点。如杭州，杭州是我国的七大古都之一，是著名的历史文化名城，它有着深厚的历史文化底蕴。杭州是闻名遐迩的风景旅游城市，山清水秀，风景如画。用杭州本土新锐女漫画家夏达的话说："细腻温润，气象万千，杭州永远让我有惊喜。"

在北京、上海等一线城市，经过几年甚至几十年的奋斗，终于闯下了属于自己的一片小天地，然而你却在每年几次到外地旅游的时候，对其他城市优美的环境、轻松娴静的生活节奏羡慕不已。

已过而立之年的李威，原本并非北京人，十几年前他大学毕业后，削尖了脑袋，拼命地向北京钻，终于得偿所愿。通过自己的刻苦工作，他终于在北京有了自己的住所并娶妻生子。现在的他已经有房有车，有妻有儿，每年都会带着妻儿抽出时间到中国各地、世界各地游玩。然而每次畅游在山水间，看着当地居民的生活状态，李威不住地感叹："真不知当年的决定是对是错。"虽然李威有着私家车，然而却很少开，他说："因为北京堵车，堵得让人心烦，我开车都是挑时间地点的，而大多的出行都选择公交或是地铁，但即使这样出行依旧让人不顺心，因为北京乘坐公交、地铁的人多得数不清。"李威的妻子每次带着孩子出行，都得打起十二分精神，就怕孩子出现状况。

一个人生活在一个城市，不能仅仅以事业是否适合自己来考虑。当然，如果你最终十分成功，拥有了随处都能安家的雄厚实力，那么你自然可以选择生活的地方，然而当你习惯了一个地方，你真的能轻易地离开吗？当你的人脉，你的市场，你的关系网都在那儿，你能轻易地离开吗？如果你并未达到如此的成功，那么你就不得不考虑一座城市的幸福指数了，你能够获得的幸福有多少，这就是后顾之“忧”。

事情的考虑不能只从一个角度去片面地思考。过去的精英们在北京崛起无疑是个正确的选择，因为当时情况不同，在北京不仅能得到丰厚的收入，而且生活在先进的城市中能更早地得到世界的信息，得到更高的文化洗礼，毕竟在没有网络或是网络不发达的时代，只有靠人的传播。然而现在情况已经略有不同，拉登的伏法几乎在一瞬间就传遍网络，传遍大街小巷，没有地域的差异。而外国某地新生一个商机，瞬间便被人们所知晓。成功崛起之前的机会变得更加均等，那么之后的忧虑也是决定你崛起成败、崛起速度的一个因素。很显然，二三线城市在这方面有着很大的优势！

第五章

离开“北上广”，不是逃离而是创富

那些怀有雄心壮志的人们自踏上“北上广”的那一天起，就为自己立下了奋斗目标——混出个模样！有理想本来没有错，可是在残酷的现实面前，理想似乎“弱不禁风”——大城市的高生活成本、巨大的工作压力以及激烈的竞争等会将这些人的理想无情地打翻在地。而这些人的理想被打翻在地后，此前的雄心壮志往往也会被消磨掉。当他们认真冷静地分析后才发现，自认为是梦想起飞的大城市根本就没有给自己提供发展平台和机遇。于是他们痛下决心，要远离这个“伤心之地”，到小城市发展。

到了小城市以后，他们发现，原来这里才是他们创富的最佳之地。当对小城市越来越熟悉以后，他们才猛然意识到，此前苦苦在大城市中追求财富的做法是错误的，也是不理性的，于是他们与大城市“划清界限”，改变了观念，决定在小城市中实现自身的财富梦想。

1. 就是要逃离“北上广”——财富总是会隐藏在最深处

“每个人都向往财富，财富并不会主动投怀送抱，常常会隐藏起来，而且财富越大，隐藏得越深。”这是在追求财富路上摸爬滚打数年的创业者最真实的感受。在这些人看来，普通人并不能随随便便获取到财富，因为他们很难找到隐藏在深处的财富。

大城市既是个人才的聚集地又是个财富的聚集地。以北京为例，北京这座两千多万人口的超级大城市聚集了来自五湖四海的人才，这些人才挤破脑袋都想在北京打拼出属于自己的一片天地，可自认为自己是个人才的人经常会遇到比自身实力更强的对手，所谓“天外有天，人外有人”就是这个道理。在与比自身实力强的人展开竞争后，这些人惨遭淘汰，而他们想要在北京打拼出属于自己天地的愿望就只能像歌曲中所唱的那样：“在一个美丽的传说……”

痛定思痛后，虽然他们遭受打击，但他们追求财富的决心并没有改变，于是他们背上行囊逃离北京，到二三线城市寻求新的财富。其实他们追求财富的精神与唐僧西天取经的精神有异曲同工之处，唐僧在取经路上经常会遭遇到妖魔鬼怪的滋扰，对于唐僧而言，这些妖魔鬼怪似乎是难以对付的，如果唐僧在困难面前选择了后退，那么他根本不可能取到真经。而唐僧通过坚定的取经决心，在徒弟们的帮助下最终从如来佛祖手中取到了真经。

然而在现实生活中有很多人缺少像唐僧这样的精神。起初他们有自己奋斗的理想，可当他们遭遇到挫折后便选择了逃离。逃离本身并没有过错，因为在不适合自己的地方发展，是不会获取到财富的，于是他们选择逃离。可逃离以后，他们丧失了继续追求梦想的决心，而是做起了天上掉馅饼的美梦，坐等财富主动送上门。

对此，那些获取财富的高手发表了自己的意见："哎哟，你怎么能抱有这种思想呢？逃离大城市并不是你的错，错就错在你简单地认为财富会主动送上门，而忽视了财富通常会隐藏起来的道理。"

其实，在一个人追求财富的道路上，财富就像个害羞的姑娘一样躲在自己的闺房中不愿出来，那些知悉姑娘内心真实想法的人不仅能让姑娘走出闺房，还能取得姑娘的信任。而这一点同样适用在追求财富方面。如果你没有摸清财富的秉性，而只是天真地认为财富会对你暗送秋波，这样你就大错特错了，因为很多时候，财富都会隐藏得很深，只有那些在暗处将财富找到的人才能拥有财富。

大城市中财富可谓随处可见。比如，2011年6月北京下了一场十年以来最大的一场雨，在北京大兴区的一处地铁站内，着急上下班的行人由于被深达半米左右的积水所困，想要到距离车站300米的地方都显得非常困难。而此时，一位小伙子用类似“摆渡船”的方式向这些想要去车站的人收取每人五元的“摆渡费”。据不完全统计，这个小伙子在不到一个小时的时间内将二十多个人运到了车站。

也许很多人都不会想到这种“商机”，但小伙却能用这种近乎另类的方式抓住了“商机”，这不能不说是一种另类的获取财富的方式。其实小伙子另类的赚钱之道值得人们思考。如果换个思维方式的话，一定会将隐藏在深处的财富拿到手。

2. 将在大城市学习到的经验运用在小城市中

对于在大城市摸爬滚打多年的人们来说，成功降临到他们头上的速度远远要比他们预想中的速度慢许多。而且他们的家人对此非常不解："既然在大城市不能实现自己的理想，为什么还要坚持呢？"此时他们会选择沉默，因为他们内心坚持着这样一个理念：大城市中没能获取到成功并不能说明一切，要认真学习成功的经验和技巧，以便将其运用在小城市中，这样也许能取得成功。

比如，当一个人信心满满地想通过自身学习到的专业技术在大城市站稳脚跟时，却发现大城市中与之相对应的技术人才遍地都是，在这种情况下，很难体现出自身的价值。他们也意识到要成为大城市中的"凤凰"简直比登天还难，于是他们及时转变观念——与其做大城市中的"麻雀"不如做小城市里的"凤凰"。在这种观念的带动下，他们在大城市中认真学习最先进的技术及管理理念。在这种强有力信念的支撑下，他们终于学有所成，于是义不容辞地踏上了前往小城市的发展道路中去。

虽然小城市的综合实力要比大城市低，但小城市却能真正体现出一个人的价值。例如：一个清华大学毕业的计算机专业的研究生毕业后顺利进入一家世界500强的计算机公司工作，有着不菲的收入和良好的发展前景，但令人作呕的加班以及来自上司唐僧似的唠叨，使他愈加感觉到工作的压力，也更加体会到钱不好挣的道理。其实从本质上来讲，像这样的人，他们充其量是个高级打工仔而已，因为比他们能力强、学历高的人才还有许多，他们很难做到企业中的“凤凰”。如果他们能转变观念，敢于与大城市说不，而将自身在大城市中学习到的专业知识与管理经验运用在小城市中的话，一定能体现出自身的价值。如果他们能扎根于小城市，继续从事计算机方面的工作，不仅自身的地位会有所提高，对于企业来讲也是一笔无形的资产。因为企业引进这只“凤凰”后，“凤凰”会通过自身掌握的先进技术与管理经验为企业创造更多的价值。企业必然会用种种优惠的政策留住他，以免让“凤凰”飞往别处。

举个最简单的例子，如果一个人有过在大城市中团队管理的经验，而且能最大限度地调动团队工作的积极性，即使有一天他厌倦在大城市的发展而转入小城市发展，他自身掌握的管理经验也不会浪费，而是继续在小城市发挥其自身的价值。

董伟在上海浦东区的一家合资企业中担任技术工程师一职，主要负责对工厂中的生产设备进行升级改造，以便使工厂生产计划能平稳运行。个性直爽的他在一次技术创新大会上向公司提出了改造设备的计划，可是遭到了生产部经理的坚决反对，生产部经理认为，董伟的改造计划非常不成熟而且风险非常大。可董伟却不这样认为，他建议用试点的方法首先在一部分设备上进行改造实验，如果成功的话，生产效率将比以前提高三倍。但由于公司中很多人都提出了反对意见，最终，他的这个计划没能实施。而好胜心强的董伟感觉到非常没面子，于是他决定辞职。

辞职后的董伟也经历着是在大城市发展还是到小城市发展的选择，当他从电视报道中听到关于对“包容性增长”含义介绍的时候，他决定到小城市去发展。因为他知道“包容性增长”最大的目标就是在世界上各个国家和地区中经济发展的水平与国民收入成正比。也就是说包容性增长的成果就是要惠及每个人的切身利益，包括他们的就业、收入、医疗等方面的平衡。

因此，他踏上了吉林这座被国家政策扶持、工业化进程有广阔发展空间的城市。其实在来吉林之前，董伟就已经对吉林一家企业有所关注，这家企业和北京那家企业一样，都以生产电气原件为主。于是董伟直接找到了该厂负责人，向其说明了改造生产设备以提高生产量的计划，他还立下了“军令状”，会自己承担改造失败后的损失。就这样，董伟凭借在北京多年的工作经验和必胜的信心开始对其中一部分设备进行改造。不到半个月时间，经过改造后的新设备便投入了生产中。令董伟感到兴奋的是，自己改造的计划成功实施，为该企业提高了三倍的生产效率。该厂负责人立即对董伟刮目相看，并直接将其提拔为副厂长。就这样，董伟将在北京多年学习和掌握的技术拿到小城市中运用，不仅为企业本身创造了效益，还体现出了自身的价值。

将在大城市学习到的经验运用在小城市，既没有将所学习到的经验荒废，还能使没有在大城市实现的愿望最大限度地在小城市发挥出功效，因此可以说，将在大城市学习到的经验运用在小城市不失为一种创富的好办法。

3. 创业“试验场”，孰优孰劣

说起北京的创业环境很多人都会侃侃而谈。在他们看来，大城市拥有基础设施和良好的软件条件，让你眼花缭乱的星级写字楼，让你心动的投资优惠政策，让你放眼望去全部是政府为招商引资搭建好的创业平台。比如，大城市的政府为了扶持电动汽车行业，恨不得自己出资帮你购买设备，并以低廉的价格租给你使用，是不是感到自己是上帝?

大城市的创业配套资源非常齐全，你能想到的行业，政府都会提供优惠政策并以人性化的服务帮助你建立企业。因为他们能从你开办的企业中获取一定的税收，因此你就是他们的再生父母。当问及创业者为何喜欢在北京创业时，他们掩饰不住内心的喜悦，这样说道："在北京创业，让我有一种置身于现代化商业气息的非凡感受，这样在心理上会感到无比的自豪。虽然自己只是万千创业者中不起眼的一部分，但走在北京街头的那种感觉，比在小城市的感觉要给力得多，否则怎么会有如此多的企业老板将自己在小城市中的企业交给下属打理而自己来到大城市游玩呢？”

大城市的优点似乎说完了，再来分析一下它的缺点，以便让更多的人看清这些大城市的“城市病”。

有人认为在北京的合作伙伴好找对吧？当看到那些踌躇满志、想甩开膀子干事业的人以为找到了他们认为最合适的合伙人而被骗得精光时，他们哭干了眼泪，大声喊道：“北京，为什么你让我受伤！”其实所谓的合作伙伴并不是纯粹的朋友关系，别忘了，商业上不会有所谓的真心朋友，有的只是永远的商业利益，你认为的商业伙伴很可能就是你的竞争对手。虽然北京是个人见人爱的“香馍馍”，但你要看清有多少人不顾一切地往里钻，而最终却被碰得头破血流。

北京创业的硬件条件好对吧？星级写字楼也非常给力吧？但是如果你对这些星级写字楼进行观察的话，你就会发现，在上班高峰期，就算牺牲了半个小时的懒觉时间到达星级写字楼，估计拥挤的电梯也会让你纠结。如果你的身材足够瘦，那好，努力往里挤吧，但如果你是个重量级人物，不仅电梯会发出抗议的“滴滴”声，电梯里着急上班的人们也会调侃似的说道：“大哥，等下班车吧。”最终出现“起个大早赶个晚集”的悲催局面。而到了午饭或下班时间，如果你从顶楼往下走，不妨带个氧气面罩，因为它能最大限度地为你提供充足的氧气而避免因为空气不流通发生呕吐等情况。

而一些创业者初来北京时，北京的马路给他们留下了深刻的印象，首先北京马路宽是他们的第一印象，但最令他们纠结和无奈的就是交通堵塞问题，他们也深刻领略到“首堵”这个词的含义。没有重要事情时堵也就忍了，可如果参加一次非常重要的商业谈判时被堵在高速路中，相信每个人都会咆哮。

北京创业的配套设施确实齐全，可是再齐全的配套设施也招架不住蜂拥而至的簇拥。比如，北京为了控制个人小轿车增长的速度，改善“首堵”的形象，出台了汽车摇号上牌的制度。2011年1月是北京汽车摇号申请的第一个月，然而在全年24万个汽车牌照名额中，仅一月份提交的申请就高达21万，这是一种什么情况？如果仔细计算的话，成功摇上号的几率与中30万元彩票的几率相当。甚至有人这样调侃：“想知道是否适合在北京创业，可以先通过汽车号牌摇号看看自己能否顺利拿到号牌，如果一次就能摇到号，赶快在北京创业吧，因为你的人品极佳啊。”

纵使现代化的城市让人们有那种快马加鞭、努力向前的感觉，也纵使给人们带来一种时尚、与时俱进的感觉，可是每当人们工作结束回到家中，为何从心底油然生出一丝寂寞呢？其真正原因是北京没有给他们带来安全感。如果不想让寂寞伴随你，还是与北京这座又爱又恨的城市“吻别”吧。

离开北京到小城市以后，从快节奏的工作和学习到慢节奏的工作与学习，有些人可能会不适应。但很快他们又会打起精神继续奔跑于追求财富与成功的道路上。经过多年的打拼，这些人收获到在北京没有收获到的成功，为此他们非常欣慰，也庆幸自己当初离开北京的决定。当他们还在北京的同事或朋友看到他们取得的成绩时，纷纷向他们问道：“你在小城市是通过哪些秘籍获取到在北京没有获得的成功呢？”为此他们感慨万分，对北京与小城市直接的创业环境作了对比：

首先，北京的创业资源虽然多，但竞争也异常激烈。一个人想要在大城市凭借自身的努力开拓市场非常困难，而小城市相对来说要好许多。虽然小城市的创业资源没有大城市多，但小城市的竞争压力明显小于大城市，比如，在大城市想做服装生意，面对诸如大型服装市场以及电子商务低廉价格的冲击，服装生意还能长久下去吗？可在小城市就不一样了，小城市无论是服装市场的规模还是价格方面都比大城市要低，这样即便是有几家服装市场，也不会严重影响到自身的服装生意。如果自身创业的决心非常强而且经过自身艰苦的奋斗后，服装生意一定会在小城市中做大做强，甚至还会在大城市开设分店。

其次，虽然像北京这样的大城市拥有一定的政策鼓励措施，但人口众多的北京仍然不能满足这些创业者的需求。在小城市就不必有这样的烦恼。很多时候，小城市为了发展地方经济，就会出台一些相当优惠的招商引资政策，而创业者创业的行为也会得到小城市地方政府的支持，并在税收、住房等方面给予最大限度的优惠，使创业者不仅减少了创业成本，还能让他们感受到小城市的魅力。试想，创业者在这种环境下进行创业，成功离他们还远吗？

另外，很多人虽然都非常向往大城市，但大城市中成功创业并不是一件容易的事。对于那些想在大城市中一次成功、“一口吃成胖子”的创业者而言，这样的想法根本不符合实际，因为创业需要的是漫长的积累经验的过程，如果对成功过于迫切，输得也会很惨。而小城市是创业者积累创业经验最好的“试验场”，就算失败了，还可以重新站起来。而在“试验场”经过若干次的磨炼后，成功也会离你越来越近，从而你就会收获到在大城市中根本不可能收获到的成功。

4. 改变观念，将二三线城市视为掘金圣地

越来越多“漂”在大城市的人们，开始深刻意识到大城市也许真的很难获取到财富，也认识到或许二三线城市才是获取财富的天堂。这不仅反映出人们对大城市的不满，更体现了人们观念上的转变以及对生活意义的新期待。

自改革开放以来，最早一批进入到大城市追求梦想的人们如今已进入而立之年。随着大城市人口的剧增和生活成本的不断提高，他们备感压力，即便是取得一些成绩的人们也开始考虑离开这些梦想开始的城市。亲戚朋友劝他们：“如果实在支撑不住，就回来吧，二三线城市或许就是你实现梦想的天堂。”**离开大城市走向二三线城市，不仅是由于“漂”在大城市没有安全感，也是人们对生活意义经过理性思考后所做出的选择。**

因为年轻时没有家庭牵挂和负担，所以才能有在大城市中“漂”的资本。此时在大城市中“漂”的预期收益要远远高于成本支出，也

就是说，此时选择的“漂”是有价值的，因为它是一个人成长路上不可或缺的因素。可随着时间的发展，社会压力越来越大，“漂”在大城市的人们已进入而立之年，他们不得不面临结婚生子以及赡养老人的问题。在这种情况下，“漂”的成本就会越来越高，而且时间越长，“漂”的成本也会进一步增大。而当“漂”的成本与人们预期收益之间存在很大差距时，就会出现“支撑不住”的情况，而此时选择离开也是必然现象。

其实，有一部分“漂族”和“蚁族”之所以选择在大城市中坚守，就在于他们认为一切困难只是暂时的，而他们追求的梦想还没有来到。当他们选择留在大城市以后，生活节奏快、工作压力大、交通拥堵、空气污染等问题时刻侵扰着他们。于是他们开始思考：每天起早贪黑挤公交换回每个月2000元的工资是否有意义；每天晚饭用五分钟时间吃完一包泡面为的是什么。在现实社会压力下，他们逐渐意识到，生活并不完全是这些，于是他们想要改变生活方式的想法非常强烈，继而做出到二三线城市发展的决定。

李岳就是这样一位改变观念的年轻人。2005年，李岳凭借优异的成绩考入北京邮电大学，这对李岳全家来说无疑是非常大的惊喜。在大学期间，李岳的学习成绩一直很好，他还利用课余时间到一些通信企业实习，以便将自身学习到的理论知识运用到实际操作中。四年的大学生活很快便过去了，李岳也像其他同学一样选择留在北京工作。经过一番周折，李岳终于在位于北京朝阳区的一家电子通信企业参加工作。可是他每个月工资仅为2000元，除去800元租房的费用及生活开支后，很难再存下钱。李岳也知道住房支出占工资支出很大一部分，为了节省房租，他决定搬到距离公司将近两个小时车程的唐家岭去住。被称为“北京最大‘蚁族’聚集地”的唐家岭的房租还不到300元，所以大大降低了李岳的租房支出。

正当李岳为此感到欣慰之时，却从房东口中得知该地区要面临拆迁，规定所有租房客要在一个月内搬离。于是李岳又开始为租房而奔波。通过同学的介绍，李岳找到一处600元的房子，为了能攒下更多的钱，他开始省吃俭用并努力工作。两年以后，李岳的工资涨到了6000元，正当所有人对李岳的职业前景看好时，他却提出了辞职申请。同学们对此不解地问道：“你为什么放弃了如此好的职业发展前景呢？”李岳感慨道：“虽然我的工资有了很大的增长，但我面临的压力也在增加，为了能成功测试出一种新产品，我经常加班到深夜，毫不夸张地说，我根本没有自己的时间去做自己想做的事情，我对这种生活感到十分厌烦，所以决定离开北京，到小城市去发展。”

就这样，李岳离开北京来到了家乡的省会城市——石家庄。到了石家庄以后，李岳的心理压力明显要小很多，因为石家庄无论是从人口规模还是竞争压力方面都要比北京小很多。安顿好住所后，李岳便开始找工作。幸运的是，石家庄市最大的一家移动电话公司录用了他。由于李岳在大学期间学习到扎实的理论知识以及此前在北京有过两年的工作经验，这家移动公司重用了他，并提拔他为通信项目组组长。在此后的工作中，李岳凭借精湛的专业技术和勤恳的工作态度很快又被提拔为移动公司区域总经理，此时李岳的年薪高达20万元。他不仅获得了比此前多数倍的工资，还在工作中找到了自我。之后，他又凭借自身不懈的努力，成了这家移动电话公司的持股人，并成为名副其实的千万富翁。

李岳就是通过改变观念，从大城市走向小城市发展，这不仅为自身赢得了财富，还实现了人生价值。试想，如果李岳当初选择与北京“死磕”，没有选择到石家庄发展的话，我们还可能看到身价超过千万的李岳吗？由此可以看出，一线城市并不能完全给一个人带来财富，但如果改变观念，将二三线城市作为掘金的圣地，那么就有可能收获令人极其满意的财富。

5. 创富机会不仅限于大城市——二三线城市的吸引力愈发增强

上海交通大学毕业的刘思远，大学毕业五年，有在北京、上海、广州、福州、厦门多地的工作经历。2006年，土木工程专业毕业后，刘思远一头扑进上海“闯荡”。据他回忆道：“自己是名牌大学毕业的高才生，只有留在上海才能发挥出自己的聪明才智，同时也能有更好的发展机遇。”

但是，梦想与现实总会存在很大的差距，上海的竞争压力和快速的生活节奏逐渐让刘思远感到力不从心，最终他的雄心壮志很快被消磨殆尽。刘思远也坦言：“我不排除勤奋努力，但在上海要想拼出属于自己的一片天空，希望非常渺小，付出的成本与所得到的回报不成正比。”在上海仅仅工作了一年，他便下定决心离开。逃离上海后，他在广州白云区的一家房地产公司做短暂过渡后，2008年刘思远在厦门找到了一份与专业对口的工作——建筑公司设计员，试用期工资3500元。

“该建筑公司的业务范围主要集中在南部地区，随着国家政策的支持，南部地区的项目也会越来越多，在这里发展，前景丝毫不比上海差。”刘思远面带微笑地说。2010年下半年，建筑公司在福州开设了新项目，当征求刘思远是否愿意被派往该地区时，他满口答应。当他的家人得知他被调到福州工作时，提出了反对意见，因为在他们看来，福州的发展前景可能没有厦门好。但刘思远却认为，从建筑公司业务发展范围来看，它的发展机会不仅只存在于大城市，只要能发挥出自身的专长，年轻人到哪里都能发挥出其自身的价值。

2011年是刘思远来福州公司的第一年，他的月收入从最初的3500元涨至6000元。“我必须要尽快熟悉工作的每一项流程，争取早日成为福州项目的负责人，到那时，月薪过万就不是梦了。”刘思远兴奋地说道。

从近些年的发展来看，福州、西安等一大批二三线城市的经济发展速度惊人，无论是城市基础设施建设，还是城市管理以及创业环境等方面都有了跳跃式发展，随着这些地区经济的进一步发展，它们也必将呈现越来越多的发展活力。

一些长期关注我国区域经济发展的经济学家们认为，越来越多的二三线城市相继崛起，得益于这些地区区域经济的快速发展。在过去很长一段时期，我国区域间经济的发展水平千差万别，以北京、上海、广州为代表的大城市的经济发展水平要远远高于其他城市，并且差距有逐渐被拉大的趋势。国家意识到这种不平衡的经济发展会带来一系列的问题，于是出台大量鼓励区域经济发展的优惠政策，其中最具代表性的当属西部大开发、东北老工业基地的振兴以及中部地区经济的崛起，在优惠政策的带动下，促进这些地区经济的崛起。另外，一线大城市土地资源使用率已经达到极限，一些劳动密集型企业根本无法在这些地区“安家”，在这种情况下，那些土地资源储备丰富的二三线城市为这些企业提供了发展的“沃土”，从而推动了该地区经济的稳步发展。

不可否认的是，在过去很长一段时期内，人才大多聚集在北京、上海、广州等大城市中，那些二三线城市的人才却寥寥无几。据2005年的一项调查研究表明，在长三角和珠三角地区的大学毕业生中，有超过四分之三的大学生都将工作选择在上海和深圳等经济发达的大城市中，而苏州、宁波等一些具有发展潜力的工业化城市却出现了“人才荒”，全国其他地区也是如此。而当二三线城市的经济水平提高后，居民生活条件会得到改善，工作机会和收入水平也都会相应地提高，于是越来越多的人才就会被吸引过来。经济学家表示，当人才向二三线城市涌现时，就能有效推动这些地区的区域经济持续快速地发展。

6. 大城市的梦想被“挤破”后，小城市是圆梦的最好场所

一些踌躇满志的年轻人为了自己的梦想向大城市进军，可当他们在大城市中总不能实现自己的梦想时，他们内心一直坚守的信念也被无情地“挤破”，此时他们内心开始动摇，开始认真审视在大城市中奋斗的意义。而最终，他们选择了逃离“北上广”。其实，这些人被迫逃离，事实上与自己的梦想被无情地“挤破”有关。

国内一家咨询机构进行的“居民流动性意愿调查”结果显示，如果能自由选择居住地，有超过50%的被调查人群将一线大城市作为首选地。因为一线城市拥有大量的社会资源和生产资源，且拥有小城市不能比拟的发展优势，由此产生人才“蜂拥而至效应”。这无疑加剧了社会竞争压力，梦想被“挤破”的情况也就不足为奇。

当人们的梦想被“挤破”后，要用积极的心态正视这种效应的存在，认识到在大城市中生存下去并没有想象中那样美好，如果坚持留

在大城市，就必须对激烈的竞争压力做好最充足的心理准备，同时还要加强自身综合素质的修养，以便提高自身的竞争力。不仅如此，城市管理者也需在城市发展包容性方面打好基础，既要为高素质人才创造发展空间，更要为低学历的人提供基本的生存条件，毕竟社会发展以及城市建设需要不同类型的人才。

梦想被“挤破”不仅体现出一些城市激烈的竞争压力，同时也说明这些城市在人才管理制度方面还存在一些不足。如可以制定出一些符合不同类型人才发展的政策，以及让不同人才发挥才干的措施等。而那些二三线城市在这一方面做得往往要比一线城市好。以苏州为例，为了能使一线城市人才到苏州工作，苏州制定了详细的人才引进和鼓励机制，让人才最大限度地发挥自身的价值。因此，当在大城市的梦想被“挤破”后，不妨抛弃这个伤心之地，因为也许小城市能抚慰你受伤的心，并能圆你的梦。

30岁的王伟自从大学毕业后便留在深圳工作，在深圳努力打拼十年后，他带着妻儿回到了山西太原。当问及他为何要回老家时，他一脸无奈地表示：“深圳实在不适合我这样的人发展，在巨大的压力下，我只能选择逃离。”其实王伟大学毕业后有两个选择——回老家太原某县银行当公务员，每月工资1000元；到深圳一家合资企业做业务代表，底薪2000元。此时的王伟认为，“太原公务员的工资虽然稳定，但区区1000元的工资根本不够花，如果能有2000元的话，我就会选择它。而我认为在深圳工作做业务代表不仅能挣得多，还有更多的发展机会。”

可事实上，王伟在深圳做业务代表工作做得并不是很顺利，总是完不成领导交给他的销售任务。这样就只能拿到每个月2000元的底薪。而刚来公司一个月的一位山东女孩第一个月拿到手的工资就有4000元，这些让王伟感到不好意思。在这种情况下，王伟提出了辞职。于是在接下来的一段时间内，他又找了好几份工作，最终要么是公司效益不佳倒闭，要么就是工作没能让他体现出自身的价值。虽然在工作的十年中，他的工资最高曾到过6000元，但都是不稳定的。然而随着深圳生活成本的进一步增高，已经结婚生子的他每天都在为不断上涨的房租和孩子的奶粉钱发愁。用他的话来说：“我越来越发现深圳这座城市根本不是我这种人来的地方，十年了，我在深圳什么都没有得到，连份稳定的工作都没有找到。”春节回家以后，当王伟看到初中同学混得都比自己强时，使他产生了离开深圳的念头。

后来在亲戚的介绍下，王伟进入到一家合资煤炭企业，经过一个多月的岗前培训后，王伟逐渐对工作流程和修理技术有了了解，于是他便将精力投入到工作中去。经过两年的发展，王伟已经从一名普通的操作员发展成为技术工程师，不仅工资方面有了很大的提升，其他福利待遇也超乎了他的预料。在公司年度会上，公司为了鼓励人才发展，将几套在太原市中心的住房以公司内部价格出售给为公司做出突出贡献的人，而王伟有幸成为其中的一员。王伟就这样实现了在深圳根本不敢想的住房梦，不仅为妻儿提供了一个温暖的家，还体现了自身的人生价值。

当王伟与妻儿享受着幸福生活之时，他还是对当初离开深圳的决定表示庆幸，因为他深刻地体会到大城市对于他来说就是浮云，而小城市不仅能体现自身的价值，更重要的是实现了自己的梦想。

7. 放低姿态，理性、多元的择业观有助于把握财富

其实关于年轻人是该选择在一线城市打拼，还是在二三线城市打拼的问题一直是人们热议的话题。而职业规划师建议，年轻人无论是选择在大城市拼搏，还是选择在二三线城市发展，都必须从自身的职业规划出发，做出理性的选择。

2011年6月，从中央民族大学毕业的薛丽丽登上了前往青岛的火车，将青岛作为追求财富的新天地。其实大学毕业后，薛丽丽便来到一家国企担任行政助理一职，虽然自己在大学期间曾担任过学生会主席，有很强的组织与沟通能力，但在这个公司中却很难发挥出来。而且她经常被那些忌妒她才能的同事打小报告。起初，她坦然地面对同事向领导打的小报告，也尽量拉近和同事间的关系。但渐渐地她发现，领导对自己的态度也发生了转变，甚至相信了同事所打的小报

告。失望之余，她选择了辞职。

而一周后，她又被一家服装外贸公司录用，担任的还是行政助理一职，可又由于种种原因提出了辞职。

其实在同学眼中，薛丽丽是个心高气盛、有上进心的女孩，她也经常对舍友说一些要在北京混出成绩的豪言壮语。可经历过两次工作的失败，薛丽丽逐渐放低了姿态，并开始认真思考自身的择业观和职业规划。经过思考后，她决定离开这座竞争压力大的城市去自己一直向往的城市——青岛。

来到青岛以后，她的一位表亲给她安排了住处，安顿好以后，薛丽丽便到青岛的人才市场中找工作。一则“招聘有工作经验的行政助理”的招聘启事吸引了她，凭借在国企的工作经验以及自身较强的素质，薛丽丽被这家单位录用了。让薛丽丽感到轻松的是，小城市企业的工作节奏不仅比大城市慢，而且很少存在同事间的钩心斗角。不到一周时间，薛丽丽便以饱满的工作热情熟悉了公司的业务流程，同时也和其他同事处好了关系。对此，企业老板全看在眼里。由于她在工作中表现出非常高的积极性，老板决定让她带领一支新的团队。接到老板的这项新任务后，薛丽丽将心思全部用在如何带领这支新团队上。由于在大学期间曾担任过学生会主席，她的领导能力和组织能力也比较出众，就这样，新团队中的成员很快便进入到工作状态中，并形成了一股强有力的凝聚力。

不到一年的时间，薛丽丽就从一名普通的行政助理被提拔为公司的人力资源部部长，如此大的工作变动是她没有想到的，这不仅使她的工资有了相当大的提高，还体现了自身的价值。当她的大学同学听说她升迁的消息后对她刮目相看，同时还问道："你这几年的变化简直太大了，从一名普普通通的员工摇身一变成为公司的管理者，你是如何做到的呢？"

"放低姿态，找好自身的职业规划，并用理性的思维选择好未来的发展方向，这样不仅能实现自身的理想，也有助于把握财富。"薛丽丽深有体会地说道。

从案例中薛丽丽放弃北京转而到青岛发展不难看出，一部分年轻人择业观的转变，即理性和多元化。传统意识上"挤破脑袋也要奔向大城市"、"唯有大城市具有发展空间"的择业观开始发生转变，越来越多的年轻人不再"迷恋"大城市，而就业机会、收入水平、职业前景等都成为他们在进行职业规划时综合考虑的因素。就是这样理性与多元化的择业观才能有利于年轻人实现自身价值，并把握住越来越多的财富。

在全球信息化日益推进的过程中，不仅人与人之间的竞争力有所增强，城市与城市之间的竞争也日益突出，这些都为不同城市和地区的年轻人提供了公平竞争与发展的环境，是选择在大城市的"默默无闻"还是选择在小城市的"一鸣惊人"，年轻人应结合自身的职业规划理性思考后进行选择。

第六章

看得见的小城市高品质生活

越来越多的人意识到，大城市的工作环境以及生活方式越来越不适合自己，于是他们选择了“逃离”。“逃离”过程中他们内心会有一些忐忑不安，因为他们不确定“逃离”到小城市是否能得到自己想要的工作环境和居住条件等。然而当他们到达小城市并逐渐融入到小城市中的生活后，他们内心的忐忑终于放了下来，因为他们看到了在小城市中诸多大城市不具备的特点，比如：空气质量比大城市好、不会出现大城市严重堵车的情况、工作压力远远小于大城市的压力、居住环境优于大城市、房价水平要远远低于大城市……

在这些优势对比下，他们深刻地认识到，原来小城市才是最适合他们奋斗与实现梦想的最佳场所，也能让他们在工作之余最大限度地享受到高品质的生活。

1. 大城市房价贵令人止步，何不去小城市过“宜居生活”

国外小城市的生活是民众十分向往的，因为它能为民众提供一个亲近自然，同时又能享受到成熟完善的配套设施的服务。而如今在国内很多小城市中，这样的梦想已经离民众越来越近了。

以浙江为例，浙江政府最近几年正在通过扩大有发展潜力中心地区的管理权限，来增强这些地区统筹协调、公共服务的能力，从而激发出这些地区的发展及活力。其实，浙江政府所指的有发展潜力地区就是小城市，这些小城市不仅不会出现大城市的“城市病”，而且还能根据城市发展布局向居民提供一个适宜居住和生活的新兴城市。

浙江城市管理规划局的一位负责人曾表示：“所谓的小城市并不是简单按照行政级别进行配置和划分的，而是按照经济体量进行配置。”在他看来，小城市应当具有像大城市同样的城市功能，如完善的配套设施和便捷的交通等。由于我国人口众多，可供人们集居的土地资源非常有限以及其他一些自然条件等方面的制约，严重影响着我国城市化的进程。因此我们必须从本国国情出发，建设大中小城市和谐发展之路，这样才是关乎人民生活的百年大计。

“建设新型城市”几乎是一夜之间冒出的“概念”，并使一些城市被外界所熟知。而浙江温州的几个镇率先进行了“建设新型城市”的试点工作，与此同时，这些城市的房地产市场也开始升温。

当这些地区的城市化建设取得一定成效时，不仅是普通投资客会到该地区置业，就连实力雄厚的房地产开发商也从大城市抽出身转战小城市。

在北京和上海等地从事房地产开发项目多年的项目经理王笑，已经转战到嘉兴和杭州等地进行房地产项目的开发。当被问及这些地区有何种开发优势时，他笑道：“来小城市买房的人除了本地人以外，相当一部分都是在大城市买不起房的人，而这些人中不乏公务员、高级知识分子、教师等。他们选择在小城市买房最主要的原因就是感觉小城市的房价便宜，一套90平方米的住房，在大城市可能会高达200万元，但在小城市却只有几十万而已。而且也没有在大城市那么大的房贷压力。此外，小城市良好的生态和居住环境是大城市无法比拟的。”

关于大城市房价贵的问题，一直是让大多数人内心不能平静的一个话题。其实当社会发展到一定阶段，经济也会随之增长，而经济的增长在某种意义上来讲靠的就是高涨的房价。以北京为例，2001年初期，北京五环商品房价格还不足3000元，可到2011年，当初这个价格不知翻了多少倍，就连位于北京六环通州梨园地区的房价也蹿升至每平方米16000元。如果一个人的月收入为5000元，想要买下均价一平方米16000元的商品房，在工作稳定、不生疾病的情况下也需要二十年。二十年，多么漫长的时间！如果在小城市买房的话就要轻松得多，因为小城市的房屋价格往往会便宜很多。比如，距离北京仅一小时的廊坊，其市中心的房价只相当于北京梨园地区的一半，同样是月收入5000元的人，在廊坊买下相同面积的住房却只需要十年时间，如果遇到加薪或其他一些财政性收入提高的话，还能提前还完房贷。因此，从价格以及还款时间的周期对比中就可以看出，小城市的房屋价格确实比大城市更具有诱惑力。

也许有人会提出质疑："小城市的房价是便宜了，但宜居程度如何呢？"总体来讲，小城市的宜居环境要高于大城市。以北京和廊坊对比就可以看出这一点。首先，北京的机动车保有量高达好几百万辆，必然会出现尾气污染，又加之拥有过多的人口，城市的宜居指数很低；而廊坊的机动车保有量不过几十万辆，人口远远少于北京，在这种情况下，根本不会出现像北京那样严重的汽车尾气污染，这样一来，宜居指数自然也就比北京高。

对于无论是在大城市打工还是创业的人们来讲，如果被大城市的高房价压得喘不过气，那就不妨去小城市享受宜居的生活，因为只有这样才能回归最原始的幸福。

2. 工作压力小，才能拥有高品质生活

在大城市工作过的人都会遇到各种工作压力，比如：完不成任务被领导批评的压力，没有培训好新员工被扣工资的压力，业绩被同事超过的心理压力，年度考核不能通过的压力，等等。出现压力后，这些人的心情首先会变得烦躁，如果这种烦躁得不到有效释放的话，将影响到一个人的情绪变化，甚至会出现工作忧虑症。这也就不难解释为什么那些在一线城市的高工资、高职位的人经常抱怨工作压力大。

其实当他们选择在大城市工作时，起初对大城市的工作压力不以为然，可真正投入到工作中时，才发现压力要比他们预想得大。但选择在大城市工作的决定是他们自己做出的，他们抱着“不能因为工作上出现压力就退缩”的态度咬着牙坚持着，被领导批评了默默忍受、工作任务没有完成想办法去完成，总之工作上出现一切压力，他们都会想办法去抗压。抗压无非出现两种结果：要么成功，要么失败。**成功抗压的人会将压力作为动力，从中积累改进工作的经验，而抗压失**

败的人通常会被工作压力击倒，也意味着他们将选择其他出路。

李丹就是这样一位抗压失败的人。学习会计专业的李丹毕业后来到上海一家著名的会计师事务所做财会工作，公司给出的薪酬非常具有诱惑力，而且各方面的福利也比较完善。工作转正后，当李丹拿到税后6000多元的工资时，她兴奋极了，于是就将几位闺蜜找来决定去“腐败”一下。到了商场后，她送给闺蜜每人一套化妆品，然后带着她们去高档餐馆就餐。闺蜜不禁对这位在大学期间腼腆的室友刮目相看，同时也羡慕她能找到如此好的工作。当所有人认为李丹的工作会一直这样顺利时，她们却听到了李丹对工作的抱怨声。而她抱怨最多的就是工作压力如何如何大，当闺蜜邀请她去购物时，她再也没有以前那样自由了，而总是以工作为由婉言谢绝。其实对于李丹来说，工作占据了她生活中的大部分时间，虽然这是她不愿意看到的，但为了高工资还是选择了忍受。

她所在的公司每年年底都会为一些企业做财务报表，而这段时间的工作往往是最忙碌的。在财务统计时，往往没有时间吃饭，甚至每天加班到晚上一两点，即便如此，有些时候还会出现遗漏的数据，巨大的工作压力压得李丹几乎要窒息，她深刻地体会到钱不好挣的道理。当李丹认为只要把财务数据统计完之后就可以休息时，紧接着又接到为几家企业做财务报表的工作任务，此时的李丹由于不堪忍受高强度的工作压力，提出了辞职申请。辞职以后的李丹认真思考自己的人生规划，她认为，不能让自己的人生被高强度的工作压力“吞噬”，而应当有充足的时间去享受生活。于是李丹决定离开大城市到小城市发展。

李丹的闺蜜听说她要去小城市发展时，起初并不十分理解，认为李丹放弃高薪的工作不做而要去小城市发展简直是糊涂至极。当李丹告诉她们大城市的工作压力是与薪金成正比时，闺蜜也就理解了李丹离开的心情。

当李丹回到她的出生地哈尔滨后，很快便找到了一份会计工作。这份工作与在以前的会计工作有很多不同，比如：以前的会计工作实行的是单休制，而且还经常加班，而哈尔滨的工作是双休制，平常一般不会有加班情况；以前的工作每个月都会进行月度考核，并实行“末位淘汰制”，而哈尔滨却没有如此多的考核；以前的工作，办公室的气氛非常沉闷，同事们大多各自忙各自手头的工作，由此给人带来一种压抑感，而哈尔滨的工作，没有那么沉闷的工作气氛。用李丹的话说：“小城市的工作压力明显要比大城市小很多，即使给我再高的工资我也不想回到大城市中工作了。”

其实，与李丹有同样感受的人不在少数，他们本以为大城市是他们实现梦想的起点，可被随之而来的工作压力压得透不过气来，起初他们还本能地与压力抗争，可随着压力越来越大，他们意识到压力是无穷无尽的，为此，他们放弃了与压力抗争，选择离开大城市。当他们来到小城市以后，心情也随之放松，因为在这里很少会出现大城市中如此大的工作压力。因此，他们被小城市这种独特的魅力深深吸引，并由衷地喜欢上小城市，最终在小城市中享受起高品质的生活。

3. 生活成本低，日子过得真舒坦

随着社会的发展，大城市的生活成本也越来越高，是继续留在大城市工作还是到小城市工作，成为摆在大多数异乡工作和求学人员面前的一个话题。据国内一家人力资源服务机构的调查报告显示，由于在大城市中生活成本的不断提高等问题，有70%的异地就业者将离开大城市，选择到小城市发展。参与在线调查的人共有2000人，其中60%为男性，40%为女性，其中本科学历调查者的人数占60%，两年以上工作经验的人占45%。

“小城市的生活成本就是低，一碗牛肉面才6元。其他方面的消费也都比大城市要低。”这是刚来济南工作两个月的周海红发出的感慨。两个月前还在上海一家外贸出口公司担任销售助理的她来到了这个距离上海千里之外的小城市，是什么原因导致她做出这样的决定呢？

“上海的物价水平非常高，像我这样一个月收入仅为3500元的普通人来说，想要在上海吃好、喝好、住好很难实现。虽然我在上海节衣缩食，但我过得并不开心。当我看到我的大学好友去小城市发展，过得十分开心时，我就动起了离开上海的念头，决定到济南发展。”

而在北京工作三年的刘女士也这样抱怨道：“每个月虽然有4000多元的工资收入，但这点钱对于高消费、高物价的北京来说，简直不够花，为了照顾远在山西太原的父母，我每个月还要寄给他们2000元抚养费，剩下2000元根本不够我在北京的生活开支，起初我也就忍了，可随着北京物价水平越来越高，我真的感到了压力。前段时间朋友在太原给我找到了一份2500元的工作，虽然工资没有北京高，但太原每个月只需要几百元的消费，于是我决定去太原发展了。”

可以看出，是高生活成本让周海红和刘女士选择离开大城市。其实，每当提到生活成本的话题，很多生活在大城市中的上班族都会有非常深刻的体会。在吃饭方面，2005年一个两元的煎饼，如今已经涨到四元一个；一杯一元钱的豆浆，如今涨到了两元；午饭从最初五元一份的盒饭涨到十元一份。在穿衣方面，2007年，一双普通的运动鞋只需要几十元，而到2011年，同样的运动鞋价格却涨至一百多元；一件素色的连衣裙从不到一百元的价格涨到接近两元……其他方面的成本开销还很多，这些都增加了人们的成本支出。在高成本生活的压力下，一些人开始不适应大城市的生活了，于是便出现了逃离大城市的情况。

与大城市有所不同的是，小城市的生活成本远远要比大城市低。

简单来说，小城市中的一碗牛肉面价格可能几块钱，而大城市中的牛肉面可能十几块钱；大城市中动辄好几块钱的蔬菜拿到小城市也许就几毛钱；大城市中普通两居室的房租价格好几千，而在小城市可能还不到一千；大城市中饭店菜品的价格可能会高得离谱，而小城市的价格则“平易近人”；大城市中一百元一件的衣服，拿到小城市也许只卖五十元……

当人们感觉到在大城市中的生活成本越来越高时，便毅然决然地奔向小城市。当他们融入到小城市的生活后才发现，这里的生活成本比大城市要低很多，于是他们为离开大城市而感到庆幸，因为小城市的生活成本不仅是他们能接受的，而且他们还能从小城市中享受到在大城市中没有得到过的快乐。

4. 小城市每天都能享受到不花钱的天然氧吧

大城市的工业污染和汽车尾气不仅造成一定程度的污染，还让生活或工作在大城市中的人们体会不到真正舒适的居住环境是什么样子的。在这种情况下，就有人离开大城市到那些空气好的小城市去呼吸新鲜空气。

马明就是这样一位想到环境好的小城市呼吸新鲜空气的人。马明是个图书封面设计师，在北京和朋友共同创建了一个图书工作室。26岁的他明显要比同龄人成熟，虽然在工作中兢兢业业，让人感觉他是个冷峻的人，可在工作之外，他俨然是个喜欢和朋友到处游玩，与大自然亲近的人。这一年，当完成几家出版公司交给他们的图书封面设计工作后，他和朋友们商量释放释放工作压力到昆明去游玩。

到了昆明后，马明对昆明留下了美好的印象。因为昆明既没有像北京那样多的车流量，城市绿化率也比北京高，从而给人一种空气清新的感觉。许久没有呼吸过如此清新空气的马明很快便喜欢上了这座城市。在随后几天的游玩中，马明留意了昆明的生态环境，他发现，昆明的生态环境非常好，森林覆盖率要远远高于全国的平均水平。通过与北京的对比，马明发现，北京的人流量和车流量非常集中，且城市绿化率与人口发展水平之间不成比例。甚至有人曾经这样调侃道："多么希望能在北京呼吸到新鲜的空气呀，可这一切似乎有些遥不可及。"而在昆明却是这样的情景：道路两旁栽满了大树与绿化带，人口密度低，让人心理上不会感到压抑。马明和朋友在昆明游玩了一周后，恋恋不舍地离开昆明回到了北京。

回到北京后的马明，像以往那样工作着，但他的内心却不能平静下来。因为从昆明几天的游玩中他对大城市和小城市之间的生活品质进行了思考，经过认真思考后，他猛然发现，小城市的清新空气和良好的生态环境才是自己一直追求但没有追求到的梦想，于是他做出一个决定——去昆明。

其实一些在大城市中生活或工作的人对大城市中空气的污浊感到非常无奈，他们最渴望的就是能呼吸到更多的新鲜空气，然而在大城市中这个愿望在短时间内很难实现。而小城市恰好能满足他们的愿望。

从国内一家环境研究机构的调查报告中显示，北京、上海、广州等一线城市的城市生态环境水平要比一些二三线小城市的生态环境水平低，甚至低于全国生态环境的平均水平。这样的水平确实不能令人满意，甚至有专家这样表示："当前阶段，摆在大城市面前的难题是，日益增长的人口和城市发展水平与城市生态环境之间不成比例，这将是很多大城市共同面对和急需解决的难题。”同时专家对小城市的生态环境有很高的评价：“这些小城市虽然经济总量方面比大城市低，但其生态环境远远优于大城市。这一点是大城市望尘莫及的。因此，在此后的发展中，小城市必将会通过生态环境方面的优势吸引到更多的人，同时也成为小城市发展不可或缺的城市名片。”

近些年来，从一些小城市的发展中可以很清晰地看到，是它们自身具有优于大城市的生态环境，从而为它们迎来了发展契机，如昆明、杭州、桂林、青岛等景色优美、生态环境好的小城市。这些小城市正是在生态环境这张“王牌”的影响下，使其发展越来越具有吸引力。当那些被小城市生态环境吸引的人融入到小城市的生活后，他们发出这样的感慨：“这里如此好的空气质量和生态环境是我们一直追求的，既然大城市不能实现我们这个愿望，我们只能来到小城市享受天然的氧吧。”

5. 随心所欲安排自己的时间，以便做自己想做的事情

初次来南昌工作的李丽对南昌朝九晚五的工作表示满意，因为她可以自由支配的时间增多了。而在2007年，北京理工大学金融专业毕业的她顺利进入到北京一家证券公司工作，虽然证券公司每天工作八小时，且实行双休制，但自从她进入到该公司后，就一直没有享受过完整的双休日，加班成了家常便饭。因此，李丽很难自己安排时间，也没有精力去做自己想做的事情。

其实，李丽在大学期间的爱好非常广泛，喜欢绣十字绣的她最初想用休息时间来完成绣“清明上河图”的计划，可上班以后，频繁的加班使这个计划成为泡影。为此，李丽感到非常无奈，只能将这一计划暂时放弃。证券部的工作压力越来越大，李丽备感压力的同时也在思考着一个问题：难道自己的人生就要在紧张的加班中度过吗？想来想去，她认为，将工作做好固然是第一位的，但不能让无休止的工作

占据自己的时间，如果这样的话，还谈何享受人生？在这种观念的驱动下，李丽决定回到家乡南昌。很快，她便在南昌一家银行找到了工作。令她感到欣喜的是，银行的工作是朝九晚五双休制，根本不会有加班，由于有了宽裕的休息时间，李丽也能随心所欲地安排自己的时间了，此前绣十字绣的计划得以实现了。当李丽将“清明上河图”十字绣绣好时，她的内心充满了喜悦，并欣赏着自己用休息时间完成的杰作。

显而易见，李丽完成的十字绣“清明上河图”是通过可以支配的休息时间来完成的，如果她没有选择在小城市中发展的话，这个计划恐怕不容易实现。

“这周没有时间，等有时间再说吧”，“除了工作还是工作，哪有自己可支配的时间呀”，等等，这些都是在大城市中工作或创业的人们经常说的一些话。其实，没有时间并不代表他们不想拥有可自由支配的时间，可是在生活节奏如此快的大城市中，想拥有自己的时间显得有些可望而不可即。因此能随心所欲安排自己的时间便是他们梦寐以求的事情。

据中国社会科学院对北京、上海、广州三地上班族进行的休息时间调查表明，每周能休息两天时间的还不到20%，也就是说，大多数上班族都很难享受到充足的休息时间；在对其他小城市，如青岛、太原、济南等的调查得知，这些二三线城市的上班族每周休息两天时间的比例高达70%。也就是说，这些城市的上班族能拥有比大城市相对长的休息时间。由此可以看出，在小城市中的上班族相对来说可自由安排的时间更长一些，并能利用这些时间做自己想做的事情。

来青岛工作三年的王爱民对在青岛工作能拥有充足的休息时间而感到非常满意。每当回忆起在深圳打拼的日子，他都会感慨道：“以前在深圳工作的经历可谓难忘，每天除了工作就是工作，根本没有时间去做自己想做的事情，偶尔一个月能得到几天难得的休息时间，但老板一个电话打来就又得投入到工作中去。自从我来青岛工作以后，明显感觉到休息的时间增加了，因为每个月都会有八天固定的休息时间，而且利用这些时间我能做我想做的事情。最为关键的是，我能真正掌控自己的时间，我的生活质量也随之提高了，因此，我喜欢上了在小城市生活，因为我体会到了高品质的生活。”

的确也正如王爱民所说的那样，小城市凭借自身比大城市多的休息时间，从而使人们自己能做时间的主人，人们也因此更能体会到小城市良好的生活品质。

6. “低薪蓝领”照样能享受“高薪白领”的品质生活

在现实生活中，我们经常能遇到这样的人：他们自身受过良好的教育，衣着光鲜，谈吐举止文雅，而且拥有一份令人羡慕的工作……人们习惯上将他们称之为“白领”。白领往往会与高工资、高学历、高能力联系在一起，因此很多人都对白领情有独钟，并希望自己也能成为白领。但头戴“桂冠”的白领，有多少人过着与他们称谓相同的生活？在他们“光艳”的背后，究竟又掩藏着哪些不为人知的秘密呢？

当人们把目光投向诸如北京、上海、广州等这些大城市的白领的真实生活时，他们看到的是白领们被房贷、车贷、子女教育问题、赡养老人等搞得身心俱惫，同时更看到了他们“挣着白领工资却过着蓝领的生活”。对于身处这种状态中的白领来说，他们的收入水平很难与惬意的生活成正比，他们的生活只能用“糟糕”来形容。

30岁的李彤是一位软件工程师，月薪8000元。在家里他是长子，还有一个上大学的妹妹。2009年，他在深圳买了一套90平方米的住房和一辆80000元的小轿车。按理说在深圳这样的大城市中能拥有住房是一件令人惬意的事，可李彤的内心并没有真正安静下来。因为在他看来，工作和生活是不可预测的，如果有一天自己的工作和身体健康出现了问题，那么每个月固定的房贷就会成为压力，而汽车也是通过银行贷款得到的，如果失去了还款的能力，很可能就一无所有。而他唯一拥有的就是自己的身体。每当想到这些，李彤总是不能平静下来。

李彤的老家位于贵州省的一个小乡镇，父母靠在当地的一家化工厂打工来维持家庭的生活开支。而每个月李彤都会拿出一部分钱寄给在四川读大学的妹妹，并且每个月还会向银行还3500多元的房贷。其实，李彤最大的心愿就是希望家人平平安安，这样他才能够踏踏实实地挣钱，养房养车。然而，一切似乎来得太突然了，李彤母亲多年的心脏病突然发作，急需一笔钱做心脏搭桥手术。李彤听到这个消息无疑是晴空霹雳，为了能拿出做手术的10万元钱，他卖掉了汽车，还向同事借了20000元。最终他母亲的手术做得非常成功，虽然卖掉了汽车，但李彤还是感到十分欣慰。为了让母亲的身体恢复得更快一些，李彤每个月寄给家里的钱也比以前多了——占他全部工资的三分之一。这样一来，除了每个月3500元的房贷外，李彤可以自由支配的钱只有不到1000元。因此，李彤节衣缩食，尽量减少和同事聚会的次数。生活虽然过得有些拮据，但李彤却无怨无悔。

而真正让李彤决定离开深圳是在2011年，李彤由于在工作中出现了一次比较严重的失误——给所在公司带来数十万元的经济损失，公司领导念在李彤不是故意出现失误以及多年来对公司作出的贡献，没有向他追究损失，但却开除了他。失去工作的李彤压抑极了，因为他知道，再要找月薪8000元的工作，在短时间内很难实现。又加之需要支付母亲的营养费和妹妹的学费，所有这些因素交织在一起，使他有了非常大的心理压力，甚至还想到了自杀。为了解决眼前的经济问题，李彤卖掉了深圳的房子。

回到老家后，李彤安顿好父母便开始在贵阳找工作。在一个星期之后，李彤就在一家软件公司找到了新工作，月薪为4500元，这个工资水平虽然比深圳低很多，但在贵阳这个消费不是很高的城市中算得上是高薪了。由于李彤平常没有什么花销，因此能将工资中的很大一部分都攒起来，不到一年的时间，他就买了一辆奇瑞QQ作为代步车。如今在贵阳工作稳定的他再也没有以前在深圳工作时的压力了，他不仅有了充足的时间去做自己想做的事情，还经常开车带着父母去游玩。他深刻感受到大城市与小城市在生活压力上的差别：大城市光鲜的背后蕴藏的是来自于多方面的巨大压力，为了房子和汽车，必须不停地工作和学习，一旦你被人落在后面，你的日子将不会好过；而小城市更多的是生活品质的提升，在这里有属于自己的娱乐时间，也有更多的时间去陪家人等。同时，他也对"'低薪蓝领'照样能享受'高薪白领'的生活"这句话感同身受。

7. 交通便利，更多节约时间成本

谈及交通，那些在大城市中打拼的人们都会抱怨："大城市的交通堵塞真是个令人头疼的问题，如果赶在上下班高峰期，就很容易出现交通堵塞的现象，而且一堵就是好几个小时。"的确如此，大城市由于承载着众多的人口压力，交通出行方面肯定会存在一定的问题。以北京为例，每当在上下班高峰期时，都会出现不同程度的堵车现象，被堵的汽车也只能以蜗牛般的速度一步一步往前蹭，而工作在北京的人们似乎对"首堵"的现状逐渐适应，甚至有人还调侃道："北京毕竟是'首堵'嘛，不堵才不正常呢。"

说起北京交通的堵塞问题，来北京打工两年的山西姑娘董华深有体会："每天早上七点，我都会从昌平出发，到位于通州和朝阳交界处的一家宾馆上班，虽然工资只有2000元，但总比回老家挣得多。可是北京的交通问题却不敢让人恭维，从我租房处到工作地点，在不堵车的情况下要花一个半小时，如果遭遇堵车就没准了。而就因为堵车，每个月我都会有几天迟到。”每当说起这些，董华都无奈地摇摇头。

其实堵车在大城市中很常见，不仅由于大城市涌进来的外来人口多，而且大城市机动车的数量也远远比小城市要多好几倍。在北京，每天奔跑的汽车数量高达几百万辆，当这些汽车同时奔跑在马路上时，怎么可能不造成交通拥堵呢？而相比之下，小城市就很少出现交通拥堵的问题，因为无论是小城市的城市规划、人口规模还是汽车数量都不及大城市。

受堵车的影响，董华总会迟到，因此她总是被宾馆老板批评，于是觉得委屈的她依然选择了辞职。当她把辞职的消息告诉家人时，家人已经在山西帮她找了一份新工作。于是，董华决定离开北京，去山西发展。

到山西后，让她感到极其欣慰的是，公司离自己家非常近，不用像北京那样每天挤公交车上下班，只要骑自行车就可以了，这样极大地节约了时间成本。

不堵车只是小城市交通便利的优势之一，还有其他很多优势。比如可供选择的交通工具多。以杭州为例，杭州为了打造旅游城市，在交通出行方面投入了大批资金。市区内的公交系统不仅完善和便捷，而且还建有便于市民出行的地铁，且公交站与地铁站之间形成有效衔接，也就是说，即便是初次来杭州的游客，也能轻松按照标志找到离自己最近的地铁站，并到达自己想要去的地点。此外，杭州著名景区西湖，为了吸引游客，还提供了便于游客游园的交通工具——自行车。不仅如此，杭州的出租车服务也非常到位，可以毫不夸张地说，在杭州任何一个角落都可以很容易地叫到出租车。如果乘客有特殊需求，还可以通过电话预订的方式找到出租车。

其实这些只是杭州交通便利的一方面。在杭州的很多社区，为了方便职工上下班，还特意开设了与企业直接的公交快线，从而使很多人在家门口就可以坐上前往工作地点的公交车，这样也极大地节省了他们的出行时间。

类似于杭州这种为市民提供便利交通的小城市还有很多，从他们的这些举措来看，小城市正在以越来越便捷、高效的交通吸引着更多的人，来小城市发展，从而使这些人真正体会到了在大城市中体会不到的高品质生活。

8. 真省心！小城市不再忙忙碌碌

无论是在大城市工作还是创业，都可以用“忙忙碌碌”来形容。早上很早起来便去挤公交车，到达公司后便开始忙着一天的工作，繁忙的工作使午饭时间大大缩短，而后便又投入到紧张的工作中去。总之，当你看到他们的时候，他们总是在忙碌着。

这些忙碌工作的人们又被比喻为“永远转动的机器”，如果机器本身不坏，就会一直运转下去。难怪有人这样评价他们：“他们手中似乎总有忙不完的工作，甚至给人一种工作狂的印象。”其实，这些忙碌的人们并不希望自己是个工作狂。工作节奏的加快以及工作压力使他们不得不忙碌，而正因为这样他们也丧失了生活的乐趣以及高品质的生活。

其实从工作忙碌程度的对比中可以看出，在大城市工作的人明显要比在小城市工作的人忙碌得多，这不仅是身体上的忙碌，心理上也同样忙碌，而小城市更多的则是省心。

李军在北京工作已经有六年了，他在一家化妆品公司担任销售经理一职。北京的销售工作自然是不轻松的，因为有很多不同的化妆品公司与其展开竞争。市场竞争是残酷的，为了能在化妆品市场生存下去，李军想了很多销售方法，首先他会将化妆品的试用装送给他所认识的朋友或同学，然后通过这些同学和朋友向其他人介绍的方式来实现化妆品的销售工作。此外，他还利用互联网在淘宝网上开设了一个化妆品专卖店，甚至在他的个人微博上也刊登了化妆品信息。不仅如此，李军还会定期到人流量比较大的社区门口或广场去销售化妆品。经过这些努力，李军的销售额是全公司最高的一个，拿到的报酬也是全公司最高的一个。很多人都非常羡慕他，并希望能像李军一样挣大钱。殊不知，李军有很多不为人知的苦衷。他为了能销售出更多的化妆品可谓想尽了很多方法。当他在淘宝网上开了化妆品店时，一个人非常忙碌，他既要与询问化妆品的客户在线交流，还要负责为客户发货等，在最忙的时候甚至连午饭都顾不上吃。而这种情况一直持续了一年多，在这期间，李军可谓身心疲惫。因为李军的销售额越来越高，公司总部为此做出一个决定——让李军去温州开拓新的市场。

公司之所以考虑让李军到温州开拓新市场，是因为温州是一座具有发展潜力的城市，并且还相信凭借李军的能力一定能开拓出新市场。于是，李军来到温州，他很快便组建了一支销售团队，并认真对团队中的销售人员进行了培训，并在团队中选拔出一名管理人员。每次李军都会事先将销售计划传达给他所任命的管理人员，然后这名管理人员会将工作再分配给团队中的其他销售人员。李军通过这样的管理办法，不仅做到了有效管理，还使自己不再像以前那样忙碌，就这样，李军带领的这支销售团队很快便在温州站稳了脚跟。

很多人认为，李军在温州的化妆品销量稳步提升的背后肯定是付出了比北京更多的艰辛和努力。其实，对于李军来说，无论是在大城市的北京还是在小城市的温州，其付出的努力都是一样的。但不同的是，两座城市忙碌的程度有非常大的差别：在北京，几乎每件事情都要由李军亲力亲为，并力求做到最好，可来到温州后，这种忙碌的情况得到极大的改善，他将工作计划分配给下属，而不是每件事情都亲力亲为，这样一来，不仅提高了团队协作的能力，还减少了李军忙碌的身影。

9. 瞧瞧人家，工资不高，每年还能欧洲游

以前，很多人都梦想着能够出国，出去看看玩玩。也正因此，能够出国成了很多人身份的象征，然而现在，北京一套房子里的一个小小卫生间的价值，就足够一个人到国外好好地玩上一圈。

人活着为什么非要没日没夜地工作？一年三百多天下来，几乎没有过长假，即使是年假也不过一个礼拜而已。而想要出去放松一下身心，也只能选择在国内，即使出国也只能就近选择。不同的年龄，其畅游的体会、感悟、心情也会不同。难道非要在激情的年代，留下压力的痕迹、拼搏的影子、滴落的汗水吗？

大千世界，芸芸众生。每个人都有自己的活法，每个人都有自己独特的人生。有的人每月领着高高的薪水，且每天的时间都排得满满的，因为一旦他要松懈，很可能就会被别人替代，或者与“车头”脱节，或者向目标前进的速度减慢。他就是高速转动工作中的机器的一个零件，一旦稍有懈怠，立刻便被换下并抛弃。

在北京土生土长的瞿军毕业于北京的一所名牌大学，他是个爱玩喜动的小伙子。他喜欢爬山、探险，并喜欢到各地去看看。在校期间，瞿军就已经和同学一起走过了大江南北十几个城市，游历过许多名山大川。然而毕业后的他，自从投身于工作之后，就再也没有了这样的机会。因为他必须保持一颗紧张的心，这样才能适应北京的环境，才能在北京这个国际都市中有一个不错的生活，而这个不错的定义还仅仅是凑够了“衣食住行”。虽然瞿军的工资在大学同学中算是多的，然而他却有些羡慕在二三线城市，甚至回到老家四线城市的那些同学们，用他的话说，也就是“瞧瞧人家，工资不高，每年还能欧洲游”。

瞿军的大学同学——郑涛，他的家在一个被称为四级的城市。名牌大学的本科文凭让他回家后找到了一份不错的工作，起初工资只有1800元，但他的家在那里，他的爱情在那里。平时他住在家里，因为城市并不大，他每天上班也很方便，工作也较为清闲，晚上回到家还可以打理自己的网上淘宝店。随着工作时间的推移，他的能力得到了验证，薪水也直线上升，而他的身上并没有压着那么多“生活大山”。所以他将剩余的钱积攒起来，每年都带着女友到外地，甚至外国去玩玩。而欧洲更是两人最心仪的地方，所以他们每年都要挑选一个欧洲的城市，这让瞿军羡慕不已。

生活本就应该如此，不要被各种枯燥的工作、压力所充斥，而且要适当地放松。在二三线城市的普遍工资与北京等地的一线城市确实有着天壤之别，然而在这里的消费也是有差距的。中国的发展迅速，坐飞机已经不再是可望而不可即的梦想，办理签证的手续虽然烦琐，却依旧不是什么难关，而且出国旅游一路的消费也并非十分昂贵，如果与一线城市中那昂贵的房价相比，倒是显得有些微不足道。但是当一个人对于他的房子的追求还是遥遥无期，不知何时才能触碰得到的时候，当然不愿意抽出一部分来消费旅游。然而二三线城市的人们却不同，即使他们没有住房，但是在当地一套住房的价格似乎看起来也并不是个天文数字，在两个人的努力下显得更加容易一些。

那么生活该如何来过呢？吃、穿、住、行，在二三四线城市，这些费用加在一起完全可以控制在工资的一半左右。当然在你不购买奢侈品的前提下（因为奢侈品的价格不会因为城市的不同、消费水平的不同而不同），当你控制好了消费之后，剩余的薪水可以添置些工具，比如电脑的更新换代，还可以到书店去买些不错的书籍，以用来增长自己的知识，俗话说："学无止境。"还有富余？那就积攒上几个月，利用平时加班换来的假期，再加上固定的节假日，去旅行吧。

为什么要旅行呢？有权威部门调查后得出这样的结论：长时间处于紧张的工作状态中会让人加速老化。所以，适当地放松，一年几次的旅行都会让你心情愉悦，达到劳逸结合的效果。到水天相接的海上，怪石嶙峋的山里，或是让人浮想联翩的古人遗迹，再或是去体验新兴的极限游戏，更甚者到陌生的国外，体验一下不同的风俗、不同的生活方式。当你看到惊涛拍岸、浩瀚无边的海平面时，你的心胸自然会敞开；当你昂首看到拔地而起、高耸入云的巍峨高山时，你就会觉得人是如此的渺小，或许就能看开一些以往执著的事情。这些无疑都会让你的阅历丰富，并对人生有所感悟，经历得多了人也会更豁达。**于丹曾说：“旅行就是对生命的不折不扣的滋养和享受。”**这句话真的一点都不假。

所以，不要总是宅在家里不出门，也不要只靠网络与外界联系，而是要多到外面晒晒太阳，做做有氧运动，时间允许就约上三五个好友，或是去爬山，或是去漂流，或是到主题公园惊险刺激一下。这些都是不错的选择，当然还有欧洲，情侣可以去体会浪漫，单身也可以去碰碰运气，没准儿一场美丽的邂逅在那悄然地等待着你呢。二三线城市生活的显著特点就是安逸，或许这不能满足那些喜欢挑战的人们，但是这里似乎适合更多的人——已经挑战得有些疲惫的人，已经碰得浑身伤痕的人，已经头撞南墙鲜血四溢的人，想家的人，想要有个温馨的家的人，等等。

10. 毕业生奔向二三线城市，要的就是归属感

每到大学生找工作的旺季，人才市场都会人头攒动。2010年11月，在广州一些大学举办的招聘会中，一些银行或政府机关提供的工作岗位多达数千个。虽然招聘会现场与往年一样火暴，但与往年不同的是，毕业生在选择公司时首先会选择一些二三线城市。在金融招聘专场中形成鲜明对比的是：一家工作地点在深圳的合资银行的摊位前很少有应聘者，而一家工作地点在韶山的国有银行却吸引了大量的应聘者，甚至排起了长队。事后，国有银行的面试官表示，在一天的面试中，有80%的应聘者愿意到韶山工作。因为在他们眼中，大城市房价高、生活节奏快、消费水平高、精神整天都处于高度紧张状态中。“房子买不起、车子买不起，在大城市中发展还谈何归属感”——大多数选择在韶山工作的大学生说出了这样的话。而其他同学也纷纷表示：“像我们这样刚毕业的大学生，到小城市发展就业才是明智的选

择，大城市对于我们来说就是浮云。”

华南理工大学毕业的曹凯，在大学期间由于参加过很多社会实践，已经收到了三家用人单位的邀请函，其中一家公司是位于广州的宝洁公司，起薪为4000元，对于刚毕业的大学生而言十分具有诱惑力。另外，两家都是位于上海的企业，给出的底薪也具有诱惑力，可曹凯并没有心动，还是来参加韶山国有银行的面试。他的同学非常不解，认为他放弃了在大城市的就业机会实在可惜，可曹凯却不这样认为，在他看来，大城市中的生活成本要比小城市高很多，大城市中花20000元买一平方米住房在小城市中可以买5平方米。由此可以看出，小城市良好的生活环境和较慢的工作节奏，越来越成为很多大学毕业生择业时最看重的方面。从广州高校就业中心的一份数据中可以很清晰地看到，毕业生选择在二三线城市择业的趋势日渐明显。

其实在当今社会压力越来越大的情况下，大多数人并不想要这样的生活，他们更多的是向往“健康慢生活”，比如，每周有自己一两天休息时间，或呼朋引伴去郊游，或沏一杯浓香的咖啡坐于窗前，可繁重的工作却夺去了他们的时间，这些原本属于生活中最值得享受的时刻却成为他们的梦想，而随着在大城市竞争压力的进一步增大，他们的这些梦想也会遥不可及。**经常会听到这样一句话：“在压力面前如果无法忍受时就要学会释放压力。”因此也就会看到一些释放压力、追求生活品质的人做出这样的减压决定——逃离大城市。**

马晓红就是这样一位释放压力、追求生活品质而逃离一些大城市的人。31岁的马晓红自从大学毕业便不顾家人和朋友的劝说只身一人在北京创业，因为她认为北京是实现梦想的地方。创业初期，她投入了10万元开设了一家小型儿童摄影店，其创业的艰辛是常人无法体会的。为了能吸引到客户拍照片，她想了很多促销方法。功夫不负有心人，渐渐地有家长带着孩子到她的摄影店拍照片了。虽然前期的业务量并不是太多，但马晓红还是干劲十足，因为她的梦想是将摄影店发展成为在北京有很大知名度的店。为了实现自己的梦想，马晓红每天都会早早地来到摄影店，在各大论坛上发摄影促销信息，然后又忙着电话联系客户拍照片的事情，有时连午饭都是将就着吃。为了尽快将摄影店的生意做大，她放弃了逛街时间，而是将整个心思都投在摄影店上。一年过去了，摄影店的客源并没有显著增加，加之房租又快到期了，而面对高达50000元的房租，马晓红在是否续租问题上认真琢磨，经过三天辗转反侧的思考后，她决定不再续交房租，而要回老家苏州发展摄影店。

带着全套的摄影设备回到苏州的她，以一种新的奋斗姿态开始创业。租了店面后，她还招聘了几名店员。她算了这样一笔账——苏州店面租金每年就比北京便宜30000元，而且苏州的儿童摄影店远远没有北京的多，这样一来，竞争压力也相对小很多。而带着轻松心态重新开始创业的她显然没有了在北京创业时的忙碌，在不到三个月的时间，她凭借周到细微的服务和合理的价格，使越来越多的家长带着自己的孩子来她的儿童摄影店照相了。因此不到一年的时间内，她又在苏州的一条商业街开设了一家分店，而且生意也非常红火。此后，马晓红不仅收获了越来越多的财富，而且还有了可自由支配的时间，这样她又可以像以前一样随心所欲地逛街了。

当马晓红向好友们讲起在苏州创业的经历时，她感慨道：“在很多人的意识中认为大城市适合自己发展，但在我看来，这种想法是片面的，大城市并不是一些人想象中的那样完美，因为它让人感到不踏实，更让人没有归属感。而小城市在归属感方面要远远高于大城市，因此，我下定决心到小城市发展，并且实现了我人生的梦想。”

的确如此，已经有越来越多的人清醒了，他们感觉到大城市确实不知想象中的那样完美，于是他们踏上了小城市创业的道路。因为，他们在小城市找到了归属感。

第七章

远离京城的历史人物

能在京城生活是很多人梦寐以求的事情，古人也不例外。很多知名人物，如李白、白居易、杜甫、柳宗元、苏轼、王安石、欧阳修、沈万三、贾谊等人都有过在京城做官或经商的经历。一些人也许会认为他们在京城混得一定不错，不仅拥有良田万亩，还拥有极高的社会地位，然而事实又是怎样的呢？史料的记载可能会令这些人大吃一惊，因为这些看似风光的名人在京城混得并不如意，其中，要么被贬离京，要么就是对京城生活水土不服离开京城。而他们离开京城的行为，向人们传递出这样一种信息：不是任何人都能在京城生存下去的，也不是所有人都能在京城实现自己的梦想的，京城生活更不是像一些人心目中想象的那样完美。因此，当那些羡慕京城生活的人想跨入京城时，不妨先看看这些古人在京城的失败经历，也许那些对京城生活如此痴狂的人就不会非要跨入京城了。

1. 白居易：长安米贵，居大不易

“长安米贵，居大不易”是对白居易在当时唐朝的国都生活窘迫的一种形容。贞元三年，白居易带上行囊来到长安。而当时的长安，绝对算得上是国际大都市。城市中满是纵横交错的楼阁殿堂，人山人海，这里有琳琅满目的商品，甚至还有从西域来的奇珍异宝。初次来长安的白居易对这座大城市既感到陌生，又感到兴奋。诗人出身的他决定凭借自身的才华在长安混出一片天地。

在长安稍作休息后，他便带着自己创作的诗文去拜访长安最著名的文学大师——顾况。经过一番周折后，白居易终于见到了顾况，可顾况对眼前这位稚气未脱的年轻人表现出不屑的神情。当他从白居易递交的诗文中看到他的名字时，于是就随口说了句：“长安米贵，居大不易。”而当时白居易垂手站在一旁不知如何作答。随即，顾况又问白居易创作过哪些诗文时，白居易随口朗诵道：“离离原上草，一岁一枯荣。野火烧不尽，春风吹又生。”还没等他朗诵完，顾况便站起身，拍了拍白居易的肩膀对其大加赞赏。

此时的白居易对顾况的赞赏表示欣慰，随即向顾况表达了自己想要在长安混出成绩的决心。可他没有想到的是，顾况向他泼了冷水，说道："虽然长安已经平息了战乱，但想要在长安出人头地是非常不容易的。长安异于他乡，什么东西都需要花钱，什么事情都要讲究关系。长安米贵，只怕是来长安容易，想要在长安生活下去可就不容易了。"

虽然顾况给自己泼了冷水，但倔犟的白居易还是决定在长安苦读，准备大试。当白居易信心满满地考完大试以后，便等着考试成绩的公布。在此期间，曾有人问他大试考得如何时，他自信地表示考入前三名没有问题。可是当考试成绩公布以后，上榜名单中并没有白居易的名字。于是他再次拜访顾况，并向其倾诉了自己落榜的遭遇。顾况对他语重心长地说道："长安虽然是个有发展潜力的大城市，但复杂的人际关系和高昂的生活成本，一般人是接受不了的，因此想要在长安混出模样的难度也就可想而知了。"于是，白居易决定离开长安。

在现实生活中，很多异乡人怀揣着梦想，踏上了大城市发展的道路。当他们来到大城市后，便被其深深吸引，于是也立志要在大城市生活。但他们只是看到了大城市光鲜的外表，却没有看到隐藏在大城市身后的"黑手"，而当这只"黑手"向人们靠近时，人们便慌忙逃离。

张国光是一位来北京闯荡的诗人，从小便喜欢写诗的他长大后立志要做一名诗人，并想出版自己的诗歌集。怀揣着这个梦想他来到北京这座文化气氛浓厚的大城市。初来北京的他，面临最大的问题就是租房，一打听，北京最便宜的地下室每月的租金也要300元左右，这对于一个没有收入的人来说，也是一笔不小的支出。此外，吃饭问题也是他不容回避的问题，由于是地下室而无法自己做饭，为了节省开支，张国光每天都会买几个馒头和几袋榨菜将就着吃。白天他还会挤公交车到北京各大出版社寻求诗歌的出版，可出版社大多对他的诗歌不感兴趣。对此，张国光并没有气馁，他觉得遇到点困难是常有的事，于是抱着这样的心态，他继续漂荡在北京。三个月后，他钱包里的钱越来越少，连租房的300元钱都快没有了，可他还没有收到出版社的出版通知。此时，张国光彻底绝望了，同时他也意识到自己的梦想很难在人生地不熟的北京实现，最终他选择了离开北京。

“长安米贵，居大不易”这种现象在大城市中表现得尤为突出，他们败在大城市现实的生活成本和残酷的社会竞争压力下。这使得他们更清醒地看到，在大城市中生存是需要一定成本的，而这个成本是高昂的，不是一般人随随便便就能生存下去的。因此，也就看到白居易和张国光远离大城市略带伤感的结局。

2. 李白：赐金放还——京城生活的终结

被称为“浪漫主义诗人”的李白也是一个对京城生活“水土不服”，从而离开京城的人。当年意气风发的李白来到京城后，首先参拜了当时京城最著名的诗人，也就是时任太子宾客的贺知章。两个人在诗词的切磋中，李白向其朗诵了著名的《乌栖曲》和《蜀道难》等诗作。贺知章听到李白的朗诵后，对李白的诗作大加赞赏，并将李白引荐给京城很多知名的诗人。当唐玄宗得知京城来了个在作诗方面有突出才华的人以后，便召见了李白。当唐玄宗问到一些当世时政时，李白凭借过人的才能和对社会的观察，自信十足地对答如流，于是唐玄宗对其大加赞赏，并令李白在翰林院就职，李白因此声名大噪。其具体工作内容是草拟文告，并陪侍皇帝吟诗作词。以至于每当唐玄宗外出郊游或举办宴会都会让李白陪同，借助李白过人的诗才，赋诗助兴。李白受到唐玄宗的宠信，使很多同僚不胜羡慕，但也有人因此心生妒忌。

李白在京城的生活除了要供奉翰林以及陪侍君王外，还经常到京城的各个地方体察人间冷暖。他发现京城繁荣的景象背后，隐藏着很多问题，比如宦官的嚣张跋扈、民众的怨声载道等，这些如同阴云一般笼罩在李白的心头，同时也让李白感觉到京城蕴藏着的危机。性格直爽的李白看不惯这些，于是作诗抨击这些蕴藏在京城中的丑恶现象。但没过多久，李白这种放浪形骸的行为，便触碰到京城一些达官贵人及相关利益团体的切身利益，于是李白便与这些人展开了交锋。令李白没有想到的是，交锋后没过多久，李白便被唐玄宗“赐金放还”。就这样，李白在无奈和怨恨中离开了京城。

其实现在看来，李白是个在京城政治斗争中的牺牲品。这不仅与李白过于直爽的性格有关，还与他缺少为官之道有很重大的关系。因此，当今的人们可以从李白被“赐金放还”中得出这样的结论：京城并不是适合所有人生活的“风水宝地”，而是那些在京城中掌握生存技巧的人的“天堂”。那么，具备什么样的特质才能在京城中生存下去呢？

以李白在京城为官为例。首先，在京城有效生存就需要得到贵人的赏识，也就是说，有人能为你的发展“牵线搭桥”。李白在这一点上是值得人们学习的。由于他拜访了京城最著名的诗人，加之他在诗作方面拥有优于常人的才华，从而得到贺知章的赞赏，又进而得到唐玄宗的赏识。这一点对于现代人来说也至关重要。试想，当一个没有任何社会关系的人踏入京城以后，既没有得到贵人的赏识，又没人为自身的发展“牵线搭桥”，这样与那些得到贵人赏识的人相比，他们成功的难度可想而知。

其次，李白自身高傲自大、放浪形骸的性格是导致他被“赐金放还”的很重要的一个原因。这一点值得现代人认真思考。在李白眼中，他既看不惯京城官宦的嚣张跋扈，也为民众受到的不平等待遇打抱不平，虽然他为民众争取利益的精神可嘉，但他忽视了一个很重要的问题，即他的所作所为已经触犯了相关利益团体的切实利益，这样一来，必将遭到他们的打压。而现代人要从李白身上得出这样的经验：想凭借自身单薄的力量与实力强大的利益团队抗争，其难度系数相当高，与他们硬碰只能使自身伤得更深。

最后，用现代人的视角来看，李白缺少的是团队合作精神。也许李白认为，凭借自身掌握的才华，自己能搞定一切事情，可他忽视了与别人展开合作而壮大自己力量的重要性。这也就不难解释为什么李白落了个被唐玄宗“赐金放还”的处境了。

对于一心想在北京实现自己理想的谭明华来说，也遭遇了类似于李白“赐金放还”的处境。河北工业大学毕业的谭明华毕业后便到北京发展，他认为，北京能为自身的发展提供良好的平台。性格直爽的他凭借自身优于常人的社交能力，成功进入一家销售公司，而且不到一个月时间，他便被提拔为销售部业务副主管，这让谭明华备受鼓舞。在接下来的工作中，谭明华似乎被胜利冲昏了头脑，经常对那些销售业绩平平的下属进行严厉批评，而且还抱有“没有你们我照样能销售”的心态管理着团队。然而，出乎他意料的是，他带领的销售团队在不到一个月的时间内员工都提出了辞职。

此事惊动了销售公司管理层，他们认为，员工之所以选择辞职与谭明华的管理方式有着很大的关系。当下属员工没有销售业绩时，谭明华没有做到领导者鼓励团队的责任，而是采用批评的方式，这样一来极大地伤害了员工的自尊心和奋斗的决心，于是员工选择了辞职。为此，销售公司不仅撤销了谭明华销售业务副主管的职位，还对其进行了减薪的处罚。此后，谭明华的销售业绩逐日下滑，最终被销售公司开除。

其实，从李白被唐玄宗“赐金放还”和谭明华被公司开除而离开北京，可以清楚地告诉那些还对京城跃跃欲试的人们：京城虽好，但并不是所有人都能在京城生存和发展下去的，更不要沉浸在对京城美好的憧憬中。

3. 杜甫：漂在长安九载的悲情才子

漂在京城并不可怕，选择做“蚁族”也情有可原，俗话说：“留得青山在，不怕没柴烧。”可是，如果你认为漂了一年半载没有实现理想属于正常现象，而又漂了三年五载也没有放弃理想，那如果漂了九载还没有实现理想，你还会如此淡定吗？而且随着自身年纪的不断增大，怀才不遇的你还会有多少心思继续漂在京城呢？

有“诗圣”之称的杜甫，就是这样漂在长安九载，怀才不遇的人。公元746年，年富力强的杜甫决定去长安实现自己的梦想，他的想法非常简单，就是要在长安实现自己的梦想。但他实现了吗？由于当时李林甫取得官僚集团绝对话语权，因此使杜甫的这个梦想没有实现。第二年，也就是公元747年，唐玄宗发布了一条告示：全国所有具有才华的人都可以来京城参加考试，考试合格者就有机会进入仕途中。因此很多文人墨客都加入其中，自然也不会缺少杜甫。本来唐玄宗的出发点是好的，可当李林甫在具体实施时却改变了这个告示的初衷。但此时，远在京城统治圈外的杜甫，并不知道是奸臣李林甫有意排挤有才的文人，而故意将挑选人才的尺度收紧了。

公元750年，杜甫遇到了被唐玄宗亲口称赞的文人郑虔，并从他的身上学习实现梦想的办法。天道酬勤，当杜甫在长安漂了六年后，他所写的《三大礼赋》终于得到了唐玄宗的赞赏，可令杜甫感到郁闷的是，尽管得到了唐玄宗的赞赏，可这只是体现在口头上，而并未付诸具体行动上，于是杜甫再一次与梦想无缘。到了公元754年，杜甫年近43岁，也是他来长安的第九个年头，杜甫的才干仍然没有被人发现，甚至其自身的吃饭问题都是令他十分头疼的问题。

杜甫——这个在长安漂了九年之久的才子，最终被最实际的生计问题逼出了长安。当他想起自己在长安的漂荡生活时，其内心非常压抑，于是借酒消愁。然而在喝酒过程中突发灵感，于是创作了发人深省的《醉时歌》：

诸公衮衮登台省，广文先生官独冷。甲第纷纷厌粱肉，广文先生饭不足。

先生有道出羲皇，先生有才过屈宋。德尊一代常坎坷，名垂万古知何用！

杜陵野客人更嗤，被褐短窄鬓如丝。日籴太仓五升米，时赴郑老同襟期。

得钱即相觅，沽酒不复疑。忘形到尔汝，痛饮真吾师。

清夜沉沉动春酌，灯前细雨檐花落。但觉高歌有鬼神，焉知饿死填沟壑？

相如逸才亲涤器，子云识字终投阁。先生早赋归去来，石田茅屋荒苍苔。

儒术于我何有哉，孔丘盗跖俱尘埃。不须闻此意惨怆，生前相遇且衔杯！

诗带给人们更多的是无奈，更是杜甫对人生蹉跎岁月的一种叹息。

为什么杜甫漂在京城九载都没有实现自己的理想呢？以现代人的眼光分析，杜甫在京城追求梦想时缺少贵人的提拔和引荐，这是使他离开京城最重要的因素。即使他才高八斗，没有贵人的引荐也同样很难成功。

再者，杜甫离开京城还有一个不容忽视的外部因素，即当时统治阶层并没有真正重视文人，也便使得像杜甫这样的大才子得不到重用，自然也就很难在京城立足。甚至有人认为杜甫生不逢时，其实仔细想想，也反映出当时的一种社会风气，即文人很难在京城发展。因此，也就不难解释杜甫为何要离开京城了。

4. 柳宗元：京城仕途梦想破灭，被贬至永州

以现代人的眼光来看，唐宋八大家之一的柳宗元是一位在京城仕途中失意的人。

贞元九年，刚20岁出头的柳宗元凭借自身的才华考中进士，而他的好友刘禹锡也同时得中。三年后，也就是贞元十二年，柳宗元出任秘书省校书郎，由此拉开了他步入仕途的序幕。由于自身博览群书且眼界开阔，不断地被提拔。到了贞元十七年，时年31岁的柳宗元被调往长安任监察御史（相当于如今的中纪委书记）。调往长安一直是柳宗元的梦想，在他看来，长安能更好地实现自己的远大理想。出任监察御史不到两个月，柳宗元便与长安官场中的上层人物有了深入的交往，而交往中他发现长安官场中的黑暗腐败，于是便萌发了改革的愿望。在他看来，改革的主要目的就是要对专横跋扈的宦官和藩镇割据势力实施“严打”，这样才能肃清官场的不正之风，以便顺应民众意愿和社会发展。就这样，柳宗元凭借一股不畏强权的精神，对京城长

安的官场进行了改革。

官场改革的出发点本来是好的，可由于支持改革的唐顺宗李诵的下台，柳宗元提出的官场改革也被新上台的统治者否定，因为改革失败，柳宗元随即也被贬职。新上台的统治者八月即位，而柳宗元便在九月被贬为永州司马。当时的永州是个人烟稀少之地，当柳宗元到达永州之后，甚至连住处都没有。后来在一位好心僧人的帮助下，在当地一家寺院中寄宿。艰苦的生活环境让柳宗元感到非常失落，而在失落的同时，他也逐渐认清了京城为官并不是一件轻松的事。

柳宗元被贬至永州后，政敌们仍然不放过他，经常对其进行人身攻击和政治迫害，即便如此，也并没有动摇他的政治理想。永州之贬对于柳宗元来说，就是一次重大的人生转折。在京城长安为官期间，他能直接进行改革，然而到了永州后，他改变了斗争的方式，即将斗争的方式转到了思想文化领域，以至于他在永州广泛研究了很多关于政治、哲学、文学、历史等方面的思想文化，并完成了很多具有代表性的著作，如《封建论》、《六逆论》、《天对》等。

由此可以看出，虽然被贬至看似没有发展的永州，但柳宗元并没有丧失政治理想，而是通过文学创作等方式间接地实现了自身的伟大抱负。

其实在当今社会中，很多外乡人对首都北京充满了无限的憧憬，他们认为，北京才是施展才华的“竞技场”。而当他们通过努力在北京谋取到一份不错的工作后，便认为可以高枕无忧了。殊不知，在北京这座竞争激烈的城市中，并没有绝对的稳定，很多危机就隐藏在背后。

根据后人的分析，柳宗元之所以没能实现在京城的政治理想，与他进行的改革有很大关系。如果他不进行改革，也许能在京城将监察御史这个职位长久地做下去，甚至还有升职的机会。可历史终究不能被改写，柳宗元为了实现政治理想，与宦官展开了斗争的同时，也遭到了他们的报复，从而使自己被贬至永州，与京城仕途再也无缘。

5. 苏轼：政见不合，最终远离京城

人们对“苏东坡”这个名字可谓耳熟能详，他就是北宋著名的文学家苏轼。苏轼经历了跌宕起伏的一生，而他在京城为官的日子更是如此。

嘉祐元年，时年21岁的苏轼从四川老家不远千里来到京城参加科举考试。凭借自身的才华以一篇论证文章获得了主考官欧阳修的赏识。熙宁二年，即1069年，苏轼正式入朝为官，而此时正值北宋王朝政治出现危机，表面繁荣的背后隐藏了很多未知的危机。不仅如此，神宗即位任用了王安石进行变法。包括欧阳修在内的很多人对时任宰相的王安石实施的变法持反对意见，因此致使很多人被迫离京。

苏轼看在眼中，朝野旧雨凋零，再也不是他年轻时候一片繁荣的景象了。同时苏轼也看到变法根本就没带来任何积极意义，反而加重了百姓的负担。又因其在政治思想上不赞同王安石的变法，便上书反对，希望能停止变法。结果可想而知，他也落了个与那些反对变法的

人一样的下场——被迫离京。

离京后的苏轼被调往杭州、诸城、徐州等地任职，在他任职期间，这些地区政绩显赫、国泰民安。正当苏轼感觉自己的仕途会一直顺利时，其人生命运发生改变——他遭受了牢狱之灾。由于苏轼此前在京城公然反对新法，以此招来一些主张变法人的怨恨，于是这些人故意将苏轼的诗句扭曲，告发苏轼借用诗句讽刺新法，这就是历史上著名的“乌台诗案”。就这样，苏轼被人陷害入狱。监牢中的苏轼有好几次濒临被砍头的险境，幸亏北宋在太祖赵匡胤年间就定下了不杀文人的国策，这才使他幸免于难。

出狱后的苏轼又被调到黄州（今湖北黄冈市），出任职位低微的团练副使一职。此时的苏轼对朝野丧失了信心，每天都在心灰意冷的状态中度过。而正是此时，苏轼凭借多年来的感受写下了《赤壁赋》、《念奴娇·赤壁怀古》等千古名作。与此同时，苏轼又在黄州城东的一块坡地上种田造屋，“东坡居士”的别号也由此而来。

1084年，命运多舛的苏轼奉诏离开黄州，赶赴汝州就任。由于汝州路途遥远，苏轼的幼子在途中不幸染病身亡，在丧失幼子且路费已尽的情况下，苏轼奏请朝廷暂时不去汝州任职，先到常州暂住。得到批准后，苏轼全家便赶往常州。而在此期间，神宗驾崩。神宗驾崩的消息令人感到意外，统治阶层只能让年幼的哲宗即位，而由高太后听政。当新的统治阶层诞生后，王安石提倡的变法遭到了打压，司马光替代了王安石，并出任宰相一职。令苏轼没有想到的是，司马光上台四个月后便诏自己入朝，最终升至翰林学士一职（其工作内容是专门为皇帝起草诏书）。

在苏轼出任翰林学士不到半年的时间里，他又看到了新党中存在与王安石旧党之间相同的弊端——腐败，此时苏轼的内心再也不能平静下来，于是上书猛烈抨击了腐败这种现象，于是又遭到诬陷。至此，苏轼既不能容于新党无所作为，又不能原谅旧党此前的所作所为，在这种万念俱灰的状态下，苏轼又提出了外调的请求，最终他又离开京城，到阔别已久的杭州出任太守。

由此可以看出，苏轼的仕途之路经历着这样的过程：进入京城—离开京城—再进入京城—再离开京城。他的仕途之路，如此富有戏剧化的背后是苏轼对京城政治生活的“水土不服”。

其实，苏轼对京城政治生活的“水土不服”集中体现在他与政治团体的政见不合。用现代人的眼光来看，苏轼是个“老实人”。他不懂得官场中的变通与世故，对一些人或事情直言不讳，而这样一来，必将招致很多人的不满。由此一来，还谈何稳坐官场，最终出现由于政见不合而远离京城的局面。

6. 王安石：变法失败，含恨离开京城

在唐宋八大家中，每当人们提起到王安石，便会将他与改革变法联系在一起。的确如此，王安石在当时属于“激进派”，他极力主张变法，可变法的进程是令他失望的，因为朝野中很多保守派极力反对他进行变法，以至于让他含恨离开京城。

出生在官宦家庭的王安石从小便十分聪明，读书过目不忘，且经常跟随父亲到各地游走。在游走的过程中，不仅增加了他的阅历，还使他切身感受到普通民众生活的艰辛，因此小小年纪的他便对北宋王朝的“积贫”、“积弱”有了一定程度的认识，甚至下定决心要改变这种现状。

1042年，王安石考中进士。截止到1058年冬，王安石已经升至掌管北宋财政的最高长官。翌年春，王安石来到京城，向皇帝呈上一份万言书。书中指出，有必要实行改革，以适应社会发展需要。他认为变法的前提条件就是要大力培养和发展人才，主张废弃陈旧的科举

制度，推行官员从基层选拔的制度。此外，在给宋仁宗赵祯的万言书中，王安石通过为官多年的经历，要求对北宋社会的法度进行整体改革，以便扭转积贫积弱的局势。他还列举了历史上李隆基和司马炎等人为了贪图“安逸”不愿进行改革而最终覆灭的事例，并大声疾呼：“以古准今，则天下安危治乱尚可以有为，有为之时莫急于今日。”另外，他还要求北宋王朝要对改革加以重视，他甚至还认为，如果不改革，北宋王朝很有可能会重蹈“汉亡于黄巾，唐亡于黄巢”的覆辙。

在王安石的倡导下，一些封建士大夫将北宋王朝的改革寄托于他，并期待他能真正做出成绩。而就在这种背景下，王安石顺理成章地以翰林学士侍从之臣的身份参与国政，并与宋神宗探讨治国之道，因此深得宋神宗的器重。

1070年，王安石升任宰相一职，于是开始按照他年少时的理想，大力推行改革。其实王安石变法的最终目的就是要实现北宋的国富兵强，并以此来改变北宋多年来遗留下来的积贫积弱的现状。可王安石似乎忽视了一个很重要的问题——改革是以牺牲一部分人的利益为基础的。因此，他所进行的改革触犯了保守派的利益，随即遭到保守派的“群攻”。王安石觉得有些委屈，因为在他看来，改革是扭转北宋局势最好的办法，却有人阻碍改革进程的实施确实令人感到气愤。为此，他在熙宁七年，第一次罢相。令王安石没有想到的是，此前对自己提出改革方案大加赞赏与支持的宋神宗改革的决心，似乎也开始动摇，并在如何变法的核心问题上与他产生分歧。随着改革派内部的意见分歧越来越大、保守派的执意反对以及其子王雱的病故，王安石愤然辞去了宰相的职务，离开让他伤神的京城，从此闲居江宁府。随着宋神宗的下台，新旧政权的更替，保守派占据了优势地位，而此前与改革相关的法令也成为一文不值的废纸。形势逆转速度之快，使王安石备感不安，他苦心操劳的改革就此成为泡影，他不禁愤然，最终含恨病逝。

每当后人评论这一段历史时，都不免会发出这样的感慨：“王安石的含恨病逝表明他心系北宋的发展，可是在保守派的抵制下，他的这个愿望没有实现。像王安石这样的大人物都不能改变某一种现状，普通人还怎敢奢望改变呢？”

其实，仔细分析王安石含恨离开京城的原因我们可以发现，是由于王安石的性格所致。这就体现在他提出变法遭到别人反对时，后人曾评价王安石是个性格执拗、丝毫听不进别人意见的人。如果他能够听取他们反对变法的理由，并适时做出一定程度的让步，这样就有可能避免出现含恨离京的局面。

由此可以看出，现代人在人生发展过程中要想得到别人的支持，就要更多地听取别人的意见，并有效地化解矛盾。倘若不然，很可能会落个像王安石一样的结局。

7. 欧阳修：弃官离京享清福

北宋文坛的领袖欧阳修是一位厌倦京城官场，离开京城躲清静的人。欧阳修年幼家境贫寒，母亲靠简单劳作挣钱供他读书。年幼的欧阳修不仅非常懂事，而且还喜欢读书，他没钱买书就向别人借书抄读。勤奋刻苦的他在抄读过程中就能独立完成朗诵。欧阳修如此爱好读书，这在同龄人中实属不易。十岁时，欧阳修从别人手中得到《昌黎先生文集》后，便爱不释手，并认真研读，这也为日后他成为北宋文学巨匠埋下了种子。

母亲见欧阳修如此喜欢读书，便一心供他读书。功夫不负有心人，1030年，欧阳修考中进士，第二年便到洛阳做官，在此期间他还结识了梅尧臣和尹洙等文学才子，并与他们互相切磋诗文。1037年，因为范仲淹发表了抨击时政的诗文而遭到统治阶层的打压，被贬饶州。由于欧阳修为范仲淹打抱不平，也因此被贬至湖北宜昌出任县令一职。1040年，由于在宜昌表现突出，又被召回京城复任馆阁校勘，负责编修崇文总目，后知谏院。1043年，在范仲淹等人推行新政的带动下，欧阳修也参与其中，并提出了自己的观点。他们推行的新政遭到了朝中元老们的强烈反对，由此，欧阳修又面临被贬职的危险。于是很快他便被贬至滁州、扬州、颍州等地。而在1049年，欧阳修又被统治阶层召回京城，并出任翰林学士等显赫要职。在此后的几年中，欧阳修的仕途生活似乎过得很平淡，直到1054年8月，他与宋祁共同编修了《新唐书》，又自修了《五代史记》。1057年，欧阳修以翰林学士身份主持了在京瓷举行的进士考试，并提出了“公平竞争，适才必用”的录用人才的政策，并相继录取了唐宋八大家之一的苏轼、苏辙等人，这无疑为北宋的文风注入了活力。在随后的京城仕途中，欧阳修可谓如风得雨，相继出任刑部尚书、兵部尚书等职。然而，多年在京城做官让欧阳修产生一种厌烦心理，于是在1065年，他请求调离京城，到外地任职，可最终未被批准。

1069年，正值王安石推行新政之际，欧阳修也提出了反对意见。1070年，欧阳修决定坚持不在京城当官，于是便离开京城回到安徽颍州享受余生。

其实后人对欧阳修弃官离京并不感到意外，因为，他们对欧阳修的秉性进行了分析，并得出这样的结论：欧阳修不适合做官。因为崇尚自由的他，更多的是追求一种浪漫主义情怀。当欧阳修意识到自己所追求的东西很难在京城实现，为此，他选择放弃官职，离开京城，去追求他想追求的东西。

8. 沈万三：被迫籍没家产，发配充军

曾经风光一时的元末明初巨富——沈万三，在当时的京城可谓要风得风，要雨得雨，然而就是这样一位风云人物最终也落了个离开京城，并被发配充军的悲惨下场。

沈万三是元末明初江南第一富豪。如今的古镇周庄正是因为有了他，才成为闻名全国的古镇。沈万三凭借雄厚的资金不仅大力发展建设周庄，还参与了京城的建设。在当时，沈万三的财产可谓富可敌国，就连当皇帝的朱元璋都分外眼红。因此也引来朱元璋的忌妒，于是便对他进行了三次打击，而且很快他便衰败了。据史料记载，朱元璋对沈万三的第一次打击是在公元1373年。当朱元璋在南京建都后，他想大规模扩建京城的建筑，可由于扩建持续的时间长、开支浩大，又缺少足够的修建费用。而正当朱元璋为此事一筹莫展时，巨富沈万三答应出资帮助朱元璋修建京城的建筑、街道、桥梁等相关工程。而且他不仅请了当时最好的工匠师，还亲自监工。在这种情况下，修

建速度令朱元璋感到意外，同时也使得朱元璋感到面子上有些过不去。而随后，沈万三为了炫耀自己的财富，又向朱元璋提出一个大胆的要求：自己掏腰包，代替朱元璋犒赏参与修建的工匠和兵员。此举极大地激怒了朱元璋，于是便下令没收沈万三的家产，并将其驱除出京城，发配到云南边陲充军。与沈万三一同发配云南的还有他的几名管家，这样一来，使得他的财富大减，可谓人财两空。甚至连他大力投资的周庄百姓都受到牵连，幸亏有人将御状递至京城，周庄百姓才免于一难。

洪武十九年春，沈万三得知自己的两个孙子沈至、沈庄相继入狱，且沈庄在入狱后不久便死在牢中，对此，沈万三不禁黯然神伤，悲痛不已。对于沈万三来说这是第二次打击。祸不单行，沈万三遭受的第三次打击是在公元1398年，据《周庄镇志》卷六·杂记记载：“洪武三十一年二月学文坐胡蓝党祸，连万三曾孙德全六人，并顾氏一门同日凌迟。”这次沈万三家族中近八十人被满门抄斩，并没收了其田地。就这样，沈万三苦心经营多年的巨大家业急剧衰败。

沈万三苦心经营家业，并将家业做大，进而成为名扬一方的富商，可还是没能在京城站稳脚跟，最终家破人亡。沈万三在京城的遭遇及家族的衰败是极具悲情色彩的，究其原因，是因为沈万三错误低估了统治阶层的实力，“有钱能使鬼推磨”、“钱是万能的”这些观念深深地印在他的头脑中。因此，沈万三财大气粗藐视一切，并且目中无人，从而使朱元璋龙颜大怒，最终将其“铲除”。

其实当今社会中，很多人与沈万三有着十分相近的特征：凭借自身掌握的优势，对人出言不逊，目中无人。久而久之，他们的这种处事方法激怒了一部分人，以致遭到别人的暗算，败下阵来。

沈万三本想凭借自身掌握雄厚的资源稳坐京城，可事与愿违，最终被赶出京城。从他的经验教训中人们应当懂得“树大招风”的道理，套用一句现代流行的网络语，来评价沈万三被赶出京城的经历：“沈万三，做人不低调，你真的伤不起呀。”

9. 贾谊：权贵毁谤，无奈离开京城的才子

中国历史上有这样一位才子：他自幼聪敏好学，不到20岁便到京城为官。而正当他想借助京城这个平台发展自身抱负时，却遭到京城权贵的毁谤，无奈之下离开京城，并最终选择了投江。他就是西汉初年著名的政论家、文学家——贾谊。从史料记载中可以很清楚地看出，贾谊也是一位曾经在京城追求梦想，最终离开京城的人。那么他离开京城的真正原因是什么呢？

年幼时，刻苦学习的贾谊，便能博览群书。少年时，他便成为秦朝的博士张苍的弟子，并跟随他学习《春秋左氏传》。青少年时，他独立完成了《道德论》、《道术》等论著，尤其是对屈原的诗作情有独钟。18岁那年，贾谊就能熟练背诵《诗经》、《尚书》并撰文，这在河南郡是无人可比的。河南郡守吴公得知贾谊的博学多才后，将他召到门下，并十分器重他。由于吴公是秦朝名相李斯的学生，学问自是高深，贾谊经过他的指点也收获了很多教益。

公元前180年，汉文帝即位。第二年，汉文帝便将吴公召到京城，予以重用。此时的吴公并没有忘记贾谊，还向汉文帝举荐了他，称他是一个博学多才、年轻有为的年轻人，因此，贾谊的人生发展转变——他被任命为博士。此时，贾谊才21岁，由此也拉开了贾谊进入京城政治生活的序幕。在当时，博士负责为皇帝解答问题。而每当皇帝提出问题让博士们回答时，只有贾谊一个人能对答如流，滔滔不绝，这不仅让其他博士佩服他的才能，同时他也得到了汉文帝的宠爱。于是一高兴，汉文帝又提拔贾谊为太中大夫。

随着贾谊在京城官场中的地位越来越高，他认为，汉朝总体发展趋于稳定，为了进一步巩固这一成果以及加强统治力量，他向汉文帝提出了一系列改革意见。他建议，制订新的典章制度，兴礼乐，改正朔，易服色，改变官名，等等。改正朔，就是改变秦以“水”为德，以十月为一年之始这样的历法；易服色，就是改变秦的服色尚黑的制度，主张汉的服色应该尚黄。由于当时文帝刚即位，他认为条件还不成熟，因此并没有采纳贾谊的建议。但贾谊提出的“论积贮疏”理念，却得到了汉文帝的采纳。该理念源自于当时社会发展中出现的一种“弃农经商”的风气，即农民不以种地为生，却将经商作为谋生。在这种情况下，他主张应当把农业生产放到首位，增加粮食储备，以预防饥荒，而且只有这样才能达到百姓安居乐业的目的，从而有利于统治阶级的统治。此外，贾谊还辅佐汉文帝制定和修改了很多政策和法令，以便巩固汉王朝统治的稳定局面。

由于贾谊在京城为官时陆续提出了很多改革意见，而在改革中也不可避免地触碰到一些人的切身利益，尤其是一些当朝元老。这也就为他被迫离开京城埋下了隐患。

贾谊能在如此短的时间内被破格提拔，真可谓一帆风顺。当汉文帝意识到贾谊确实是一个能担大任的人时，便决定让其出任更高的公卿职位，并询问朝中其他大臣的意见。没想到，众大臣都坚决反对。因为在众大臣看来，贾谊凭借渊博的学识和先进的革新思想正逐渐爬升至汉王朝统治力量的高位。如果只是让他当个博士，只参与讨论国事而无实权的官职，他们还能接受，但如果让贾谊升至和自己平起平坐的官职时，他们就不能忍受。其实这些大臣一来对贾谊资历浅持反对意见，再者也因为他的才华出众而心生妒忌，于是，众大臣同时对贾谊出任公卿之职提出了反对意见。汉文帝综合考虑众大臣的意见后，他认为不能违背众大臣的意见，于是放弃了提拔贾谊的想法。就这样，贾谊在朝中的地位逐渐降低，甚至没有了立足之地，最终也被贬出京城，到离京城数千里的长沙出任太傅。

对于旅途的遥远及所经历的千辛万苦，贾谊内心非常悲愤，他本想辅佐汉文帝大干一番事业，可却沦落到如此地步。他心中的失望是常人无法体会到的。他认为，汉文帝只是听信了奸人的谗言而将自己贬至长沙。

其实从贾谊的人生遭遇来看，他离开京城也是必然的。为什么这样说呢？让我们用现代人的眼光进行分析：

首先，贾谊才华出众的同时也招致来一些人的妒忌。这不是对贾谊才华的否定，只是贾谊似乎没有领悟到“深藏不露”的道理。也就是说，即使自己知道的事情，在某些时间或某些场合也要尽量隐藏起来，这样才不会将自己的能力置身于公众的视线中。

其次，贾谊被迫离开京城的另外一个原因就是在京城为官过程中，结交到的真心朋友少之又少。试想，当大臣反对贾谊升任公卿之职时，如果有人能站出来为贾谊说句话，贾谊可能就不会被迫离开京城。

最后，贾谊似乎过于“高调”，俗话说：“人怕出名猪怕壮”，如果他能“低调”一些，也许他的人生命运就不会如此悲惨。

第八章

中小城市创业生活大指南

当人们习惯一种环境、习惯一个地方时自然不愿意再背起行囊去另一个陌生的环境。但如此往往容易坐井观天，看不到其他地方的优点。正如你已经在一线大城市拼搏了多年，已经习惯了这里的“你争我夺”，习惯了这里的快节奏，习惯了这里的强压力，从而以为生活就是这样。世上本没有免费的午餐，生活自然需要自己的努力，想要过更好的生活自然就需要付出更大的努力。这些都无可厚非，但你可曾想过：在其他地方，在紧张的工作之余还能放松自己，在其他地方还有适合你的机会，在其他地方还有你擅长的领域。

如果你曾在一线创业失败，如果你还在一线苦苦打工，如果你还在一线大口地喘息过活，不如翻开新的一页，看看哪里还有适合你的工作，哪里还有适合你创业的机会，哪里还有你感兴趣的创业项目，哪里还有你感兴趣的生活方式，哪里还有你曾向往的碧水蓝天、民族风情，哪里还有你所期待的优惠政策。

不妨看看别人的经验，看看不同于你的生活方式，看看其他城市的风貌风采，或许有一个地方令你心驰神往，有一种生活让你羡慕不已，有一个机会让你心生澎湃，有一个事例让你重燃希望。或许你会瞠目结舌，或许你会大呼“怎么可能”，但中小城市确实就是一个能够创造奇迹的地方。

1. 过来看看，二线城市最适合你创业

谁不想自己当老板，挥斥方遒，有一种统兵大将的威风。在当今社会，国家政策鼓励创业，所以很多人也都想选择或者已经选择了这条道路，然而创业中一个最大的问题就是创业地点的选择，这直接影响着你的未来，也是你能否成功创办企业的关键所在。

那么，哪里更有前景，哪里更适合你创业呢？

在当今逃离“北上广”的势头之下，自然是二线城市更适合你创业，因为在那里成本更低，市场更好。无论你是已经拥有一定的资金并可以迅速打造一个雏形城堡，还是你需要白手起家，一点点从茅屋发展壮大，这里都适合你。因为这里的竞争力没有那么激烈；这里的市场却前景广阔；这里也不再匮乏人才，无论是成熟的还是有激情的。同时，这里还有政府机构这一股强有力的东风，在经济、政策、土地等各方面助你一臂之力，这真是天时地利人和齐聚，万事俱备东风吹来之时啊。所以，赶快过来看看吧，二线城市真的很适

合你创业。

但选择城市不同，其优点也各不相同。

一、四川

四川，大汉崛起的地方，看似贫瘠荒凉，道路坎坷难行，但是在那里却有着得天独厚的优势。例如成都，它是四川省经济、政治、文化的中心，并素有“天府之城”的美誉。成都是中国西部地区外来企业投资最为集中的地区，同时也是四川省高新技术类企业高度集中的区域。

这里为什么适合创业呢？首先，西部地区地域辽阔，资源丰富，多种金属矿产储备为全国第一，这些也是西部地区存在的优势。然而，目前其平均每平方公里的矿产资源地勘投资却不足东部地区的1/5。为此，中央提出了“西部大开发”的战略，对多种所有制企业进入放低要求、简化投资项目审批程序、改善投资软环境等措施，为西部创业奠定了良好的政策基础。三峡工程的逐步建立，使“西三角”经济圈崭露头角。三峡工程的建立使得长江的年运输能力也将提高五倍。到那时，巨轮起航，水路干支四通八达，上起四川宜宾，下至上海吴淞口3000公里的长江干流航线，即将成为名副其实的“黄金水道”。而在成都的高新技术企业区域，形成了以电子信息和生物医药为产业龙头，以高新技术加工为补充的产业体系。成都市政府并不把全部关注度都用在自然资源上，而是更加注重科技创业，尤其是对电子通信、软件等高新技术领域，他们出台了一系列的优惠政策，并在土地使用、资金等方面为创业者大开“绿灯”。

成都作为西南地区的枢纽城市，交通便利，商业发达，气候温和，配套设施完善。其中英国渣打银行、日本东京三菱银行等全球知名金融机构都在成都设立了代表处。而成都也是人才的摇篮，据统计，2003年年底成都便拥有技能性人才40多万人，这为成都的现代制造业提供了强有力的人才支撑。此外，成都还拥有现代都市农业、休闲旅游业等拥有广阔前景的创业项目。难道这样的城市不适合创业者们吗？其答案是肯定的。

二、厦门

厦门是我国沿海城市中十分重要的城市，同时也是我国五大经济特区之一，其经济发达，环境优美，气候宜人。根据厦门市政府的发展规划，到2010年，厦门已经基本达成生态型港口风景旅游城市的建设，成了我国东南部的一块新投资创业型基地。这里的创业硬件一流，多次获评为我国“最适合居住的城市”，并多次入围“中国城市综合实力50强”“投资环境40优城市”。如此条件下，厦门政府还为了扶持民营企业发展，出台了一系列优惠政策，以求打破行业垄断现象，如放宽民间资本进入、坚持“谁投资，谁受益”原则、实行一视同仁政策、设立“中小企业发展专项资金”等，从而为来厦门发展的创业者们提供了更加合适的平台。此外，厦门也是上海、香港之间重要的连带港口，它拥有海、陆、空三大运输优势，因此，物流业成了厦门的一个支柱行业。而厦门在电子信息业也有着强大的实力，其现有电子工业企业百余家，其中不乏厦华、夏新、戴尔、松下等一些国内外著名企业。根据规划，厦门今后将重点支持三大领域的发展，分别为计算机与网络产品领域、通信资讯产品领域、数字技术产品和家用智能中心产品领域。

三、天津

作为中国首都北京的门户，它被誉为我国内地第二大港口和我国最大的航空货运中心，并与世界一百多个国家和地区的三百多个港口通航，同时还是北方重要的铁路枢纽，连通全国多条铁路干线。它背靠北京，面朝渤海，地理环境十分优越。天津市还全力支持个体、私营经济的发展，在融资、税收、人才等方面给予创业者们多项优惠政策。天津现已成为我国北方最大的物流基地，有2000多家物流企业和贸易企业，并与100多个国家和地区进行贸易往来。可见其物流与港口贸易都有着强大的实力。此外，天津还对生物医药产业敞开大门，在土地、能源、补贴、税收和财政扶植等方面都给予了强有力的支持。其中正在建设中的生物医药基地以及产园，按国际标准进行规划和管理，从而为在生物医药方面的人才提供优质的创业环境。

除了以上城市，中国还有很多二线城市适合不同的创业人群。如“上有天堂，下有苏杭”的苏杭二州；有着“京津门户”、“东北之窗”美誉的海滨之城大连；重商之地，享誉世界的温州；有“共和国长子”、“东方的鲁尔”之称的沈阳等。遍布中国各地的二线城市，都适合创业者们前去开天辟地，闯荡出自己的一份霸业。

踏上旅程，到二线城市去看看吧。看看这里的环境与条件，听听这里的政策之风，赶上那奔跑在高铁之上的班车，快速地通往成功的殿堂，这里才是最适合创业者们的城市，不要再犹豫了，赶快动身吧。

2. 适合中小城市的创业项目

由于中小城市的各自环境不同，消费者的购买能力不同，那么适合中小城市的创业项目有哪些呢？

如今，中小城市越来越全面化，大批的强企陆续进军中小城市，在这其中势单力小的创业者们也不缺乏机会。如服装业、水家电业、家庭用品出租、汽车彩绘等。

北上广深等一线城市早已成为世界以及国内各大服装品牌大战的场地，但现在市场已经趋于饱和，每个品牌即使使出十二分的力气也难以撼动其他品牌，其获得的效果相比战斗时要小很多。因为消费者对于各个品牌在心中已经有了一个认识，所以一线城市仍然是各个品牌不能放弃并力争的主要市场，而拥有更大空间的中小城市也是各大品牌激烈争夺的地方。随着中小城市的发展，届时中小城市中消费者的购买力也会随着生活质量的提高而上升，人们更倾向于购买质量好，而且更美观的品牌服装。而80后正逐渐成为工作以及消费的主力军，这无疑对品牌服装市场的壮大起到了关键性的作用。一线城市的生活压力大已经成为不争的事实，越来越多的白领、毕业生更倾向于向二三线城市发展，而他们也会把在一线城市中的消费观带到二三线城市中，他们更喜欢购买品牌服装，这样无形中也会带起一部分二三线城市的消费者进入品牌店中。更重要的一点是，现在的中小城市中，品牌服装还没有大展手脚进行消费者争夺战，他们还是属于被动地被购买，所以二三线城市就犹如一张白纸，谁能在上面挥毫泼墨，那么谁就能获得成功。**品牌服装这一项目可以采取加盟的方式，这样既有背景深厚、资金充足的大公司做后盾，又有提供培训、经营模式等一系列的便利条件。无疑，服装业正是适合二三线城市的一个创业项目。**

水乃是生命之源，每个人的生活中都离不开水，然而对于白领以及租住在外面的“打工者”们来说，却是一个容易忽视的东西。你是否在搬到一个新的地方，收拾妥当之后发现饮用水却要依靠一瓶瓶的矿泉水？城市中的住户并不像乡村中的一样拥有一口甘甜可口的地下水井，而且他们又不愿意每日去烧开经过处理的自来水，所以水家电成了他们必不可少的家居用品。水家电市场日渐成熟，并发展迅猛。二三线城市已经成为各品牌集中的地区。饮水机、净水器等水家电，虽然单件物品价钱低廉，但有调查表明，每年的水家电未来市场总容量将超过2400亿元，但我国的市场份额仅仅占4%。由于水家电市场进入的门槛低，所以种类繁多却没有形成一定的品牌效应。然而现在水家电行业中佼佼企业已经开始拓展二三线城市的市场，与当地优秀的经销商结盟，在二三线城市中构建一个范围广阔、全面的经销网，并参加一些家电行业内颇具影响力的展会，通过专业的渠道将水家电推向消费大众。**水家电是一个朝阳产业，它拥有着很大的发展空间与前景，又并非奢侈品，而且价格低廉，因此也是适合二三线城市创业的一个好项目。**

在异地打拼，如果公司不安排住宿，那么只好自己租住，但租住的房子中大都只带有电视、冰箱等家电，再优质一点的也只是略带几样厨具。而自己动手解决伙食无疑是一种十分健康、省钱的方式，那么盘、碗、碟、筷等餐具就成了一个问题，如果自己购买，当离开租住地时搬走很是麻烦，在途中又很可能会损失一部分，不买就陷于没有可用餐具的窘地。但如果附近有一家店铺向外出租家庭用品，你可以像租房子一样租用精美干净的餐具，等到你搬家离去之时，店铺自动收回岂不是省却了你很多的麻烦。我国二三线城市磁铁效应越发明显，对白领阶层的吸引力逐渐增大，越来越多的白领、毕业生选择在二三线城市就业、生活。这样对家庭用品的需求大大提高，家庭用品出租市场前景可谓广阔。而家庭用品出租不需要拥有大量的资金为后盾，前期只要有十几或者几十套基本家庭用品以供出租就可以，等到获得利益，生意稳定，销路打开了之后再逐渐增加其他的家庭用品，甚至可以增加一些电脑、空调之类的家电。虽然家庭用品出租看似利益很小，但如果做成规模，相信获得的利益还是相当可观的。**家庭用品出租最大的特点就是启动资金少，面向所有在外租住人群，可谓市场广阔，适合在中小城市发展商机。**

很多人愿意在自己爱车的油盖上、车牌上等一些地方贴一些可爱俏皮的车贴。更多的80后喜欢在自己的爱车显眼的地方贴一些另类的车体，以彰显个性。于是现在有了一个比车贴更加奇妙的东西——汽车彩绘，汽车彩绘就是在汽车上进行绘画，但却并非画师简单地用画笔在车上涂鸦，而是一种艺术与烤漆的结合。它与贴纸相比，显得更加浑然一体，就好似车出厂的时候自带的一样，而且彩绘内容可以根据车主的喜好而定，将爱车打造成世界上唯一的一辆。汽车彩绘行业已经日臻成熟，已经在此领域工作多年的业内人士曾表示，汽车彩绘分为临时与永久两种方式，临时彩绘每平方米价格在1000~3000元，永久彩绘在2000~4000元，每名彩绘师每月的收入在5000元左右，可见彩绘行业的收入相当可观。**现在相关部门已经表示未来汽车市场将在二三线城市崛起，届时汽车彩绘在中小城市也一定会大放异彩，这也是适合中小城市创业的好项目。**

随着二三线城市的发展，世界知名企业纷纷入驻，这将使二三线城市居民的消费水平不断提高。如此看来，二三线城市中一些小的领域市场也会被带动起来。由此，随之而来的创业项目也会越来越多，不仅仅是以上几种。

3. 适宜人们创业的十个中小城市

常言道："穷不和富斗，富不和官斗。"如今从这句话中能看出别样的一个道理，那就是经营一家企业，要对国家政策保持高度关注。而创业更加与国家政策有着紧密的联系，政策就像是海上的风，顺风中你自然能够扬帆起航，如果逆风你不但不会前进，相反还会倒退。所以创业一定要了解当地的政策之风，下面就简略介绍一下我国适宜创业的十个中小城市。

一、长春

长春是吉林的省会，素有"东方底特律"、"东方好莱坞"之称。近年来，长春对于创业者颁布多项规定，大力扶持自主创业。在办理相关手续，如工商注册、经营、融资方面给予经济补贴等相关优惠政策，并开设表彰奖项，对于达到要求的企业或者创业个人可以获得10000~50000元不等的经济奖励。长春的称谓很多，更是中国汽车、电影、生物制药、光学等行业的发源地。它拥有中国最大的汽车生产基地，而且是中国主要的粮食生产地，科技教育基础雄厚，拥有众多高校以及科研机构，其中，长春电影制片厂更是国内首屈一指的电影摇篮。属于温带大陆性季风气候的长春，自然条件安逸舒适，气候凉爽宜人。曾被乾隆作诗夸奖——“长白千载古喜州，春光无限在宽城”，而环境优美的长春更是旅游业天然的旅游胜地，无论冬夏都别具风格。长春的大投资环境已经十分完善，国际国内航线四通八达，铁路公路十分便捷，并出台了一些鼓励投资、改善投资软环境等相关政策。因此，吸引了国内外大批知名公司到长春投资生产，并与众多国外城市建立了稳定的经贸关系。由此可见，这里比较适合创业。

二、银川

坐落在银川平原之上的城市，银川有着丰厚的文化底蕴。这里有多种文化的交融，这里有粗犷的大漠风光，这里有浓郁的回族风情，这里有西部的影视基地，这里有历代西夏的王陵……如果你在这里创业，会体验到银川政府给予你的优厚待遇。银川的投资环境具有上下联动、条块配合、加强监督、创新求实四个特点。银川市为了吸引更多的人来投资创业，特开设了许多办公大厅，增设了大量的办事和审批窗口，让你在这里体验到快速的审批流程，同时也节省了你的时间。银川市对于创业环境十分看重，采取组织创业座谈会的方式，请创业者们对银川创业环境进行批评指正，改变以往自己评估自己的方法，并组织人员深入到企业、施工工地、交通道路等去发现问题并加以解决，为创业者们营造一个最优的创业环境。此外，银川市还积极发展高新技术园区，大力发展民营高科技企业，以带动银川高新技术行业的发展。银川市还对中小企业提供了便利的服务，对于没有“信用历史”、没有财产可以抵押的中小企业来说，最开始的起步是很困难的，针对这一点，银川市建立起投资基金或直接的融资市场，为广大难以解决起步资金的中小企业提供便利服务。

三、青岛

被誉为“帆船之都”的青岛，位于山东半岛。受海洋环境影响，它具有明显的海洋季风性气候特点，空气湿润，温度适中，四季变化分明，向来是人们旅游度假的好地方。青岛拥有中国最大的家电基地、最大的啤酒生产企业、最大的外贸口岸、最大的集装箱港，而在人才方面青岛拥有石油科学方面最高的学府——中国石油大学，并且拥有橡胶行业最高学府，还是拥有院士最多的计划单列市。此外，青岛的航运、海运、公运都十分便利，这些无疑为创业者们提供了良好的环境。2011年，青岛力主走出一条具有青岛特色的发展道路。为促进中小企业蓬勃发展，青岛市政府出台了一系列相关政策，建立健全的公共服务体系，保障中小企业的政策咨询、创业培训等权利。青岛市还致力于打造“效能最高，成本最低”的城市，为广大青岛市民以及创业者保障后方，解除后顾之忧。为此，青岛市还积极调整行政许可事项，开展行政许可审批事项清理工作，简化办事流程，提高办事效率，从而进一步优化青岛的创业环境。人人都知道“时间就是生命，时间就是金钱”，然而在青岛你即可享受快捷的审批流程，让你创业更舒心，效率更高。

四、渭南

华山的脚下，渭南市是一个被人们称为宜商、宜居、宜情的地方。宜商，渭南市不断强化园区建设，由市长率领市领导班子建立园区建设小组，聘请国内优秀设计院对渭南市各县区，依托地理位置、资源、现有产业进行合理规划建设。为了为企业成长搭建最为优秀的平台，渭南市政府还实行心贴心服务：政府领导抓项目意识强，并陪同创业、投资者做调研，定规划；各职能部门服务好，且能在最短的时间里解决代办手续，让企业快速投入生产；办事效率高，缩短考察到投产的时间间隔；生产环境好，保证企业生产过程中不受外界干扰。此外，渭南市秉持“要想富先修路”的方针，融资三亿多元修建十几条道路，使园区交通便捷，更斥资加强园区水、电、讯等方面的基础硬件设施建设，誓为创业者提供最优良的环境及服务。

五、兰州

它位于我国版图的几何中心，且是国内唯一一个被黄河穿过的省会城市。兰州市区依山傍水，环境优美，既拥有大西北的雄壮之美，又兼具江南水乡的秀丽之美。冬天没有严寒，夏日也无酷暑，气候宜人。兰州是西北交通的枢纽，是我国东西部连接的纽带，自古就是“丝绸之路”的重镇。现在的兰州拥有西北最大的货运站，同时也是新欧亚大陆集配箱的运转中心。兰州工业十分发达，已经形成了以石油、机械、化工、冶金行业为主体的工业体系，成为我国重要的工业城市以及原材料生产基地之一。新中国成立后，兰州就被定为重点建设的老工业城市，从而使得兰州工业蓬勃发展。此外，兰州不仅工业发达，农业也久负盛名，是享誉国内外的瓜果城，它盛产的白兰瓜、黄河密瓜等远销国内外。兰州也不缺乏本土人才，这里有十几座高等院校；这里也不缺乏环境，其拥有国家首批高新技术产区和经济技术开发区。现如今的兰州已经推出多项文件，为创业者提供申办程序、资金扶持、创业指导等方面的帮助。因此可以说，兰州无论从投资角度抑或是创业角度都有着广阔的发展前景以及空间，因为兰州在硬件设施、交通、人才、政策等各个方面都拥有一定优势，虽然身处二三线城市之列，但绝对是适合创业投资的好城市。

六、武汉

武汉被长江以及汉江分割成三个区域，即武昌、汉口、汉阳，而这三个区域都拥有着自己响当当的名声。改革开放初期，武汉工业总产值曾位居中国第四，而在20世纪90年代，武汉更是建立了汉口的武汉经济技术开发区以及武昌的武汉东湖高新技术开发区，武汉吴家山台商投资区，新洲阳逻的阳逻开发区。在武汉的经济开发区中，凝聚着世界知名的汽车总部以及汽车研发机构，使武汉成为我国最集中的汽车产地之一。武汉东湖新技术开发区是我国最大且最具实力的光电子行业的集散地。因此可以说，武汉是一个工业、金融、高新技术产业、农业等皆发达的地区。虽然武汉已经具有如此强的实力，却依旧在进行创业人才的吸纳工作。对选择到武汉创业的高层次留学人员提供不等的高额资金扶持，鼓励各区建立创业园区，并设立博士后科研工作站。对特殊人才职称放宽条件。此外，武汉为解决中小企业融资困难问题，还特意成立了多项科研基金，通过政府出资联合其他当地知名企业一同扶持中小企业。因此，大批的创业者看到武汉的发展空间以及优厚条件，纷纷向武汉聚集，到那里创业。武汉也正是适合创业的二三线城市之一。

七、呼和浩特

提到呼市，自然而然便想到了我国最大的两家乳业企业。但呼市却绝非仅此而已，呼市金属矿产丰富，日照充足、光能有着明显优势，水资源充足，这都为呼市成为内蒙古工业重镇奠定了基石。呼市已经从我国重要的毛纺织工业向更全面的工业城市发展，现如今除民族用品工业外，还相继发展了制糖、乳品、医药、化工、机械工业、新能源工业等众多工业。另外，呼市为加快城市发展，采取了十项激活创业主体措施，发放三亿多元作为小额担保贷款以供创业者申请，建立覆盖全市的创业服务平台，为创业者提供创业培训指导、小额贷款资助、跟踪服务等，并且还鼓励大中专高校毕业生自主创业，鼓励下岗人员创业再就业，鼓励退伍军人创业。现如今的呼市已经呈现百花齐放之势，也正是适合中小企业入驻、创业者们创业的城市。

八、沈阳

它是中国特大城市，东北地区的政治、文化、交通中心，我国最重要的重工业基地之一。在地理位置上，沈阳市距离首都只有700多公里，其航空、铁路、公路均十分发达。作为东北老工业基地的龙头，它也曾低迷过，但在我国提出“振兴东北老工业基地”口号之后，沈阳迅速发展，提倡自主创业，不仅鼓励高校毕业生自主创业，对于农民工创业也给予大力支持。例如，聘请数十位已经成功创业的农民工对有创业意愿的农民工实行一对一帮助，积极为已经明确创业目标、创业项目的农民工寻找扶持对象，并进行跟踪指导，力求达到帮助一个成功一个的目标。对于高校毕业生自主创业，沈阳市也放开了多项优惠政策，在各方面为高校毕业生提供帮助，在相关手续申办上大开绿灯放行。沈阳市近年来发展迅速，各行业蓬勃发展，尤其是辽宁与我国台湾地区牵手互动后，沈阳的发展速度更加快速。由此可以看出，快速发展的城市也是一个适于创业的城市。

九、济南

北临京津、南挨沪宁的济南，是山东的中心，全国交通、物流的枢纽。因其地理位置优越，紧靠京津圈，又处在环渤海经济圈中，使得济南在与各个区域协同发展方面有着很大的潜在优势。济南境内存在着众多知名重工业企业与轻工业企业，这些企业无疑带动着济南的快速发展，也将带动大量的附属行业。济南对于自主创业也十分重视，早在2002年济南就对创业人员进行资金帮助，减免税务，并对创业人员的家属安置、儿女求学等生活问题加以妥善处理，积极实行“先落户、后创业”的方针，让创业人员对生活没有后顾之忧，全身心地投入到事业中去。在政府相关机构实行两人共同责任制，即一个工作岗位设立两个人员，保证前来办理相关手续的创业者不会白跑一次，提高办事效率，并为创业者搭建多个平台，实行全方位帮助。山东位于京津、沪宁之间，地理位置的优越性可想而知，而济南也正是山东的中心，这样一个城市未来的发展是不容忽视的，那么在这个城市创业扎根无疑是个英明的抉择。

十、大连

其西北临渤海，东南向黄海，无论在军事还是商业上都扮演着重要角色。作为振兴老东北重点扶持对象，大连的工业基础十分雄厚，造船厂、内燃机制造厂等，可谓工业门类齐全。大连市政府还启动海归创业政策，吸引海归来到大连创业，并由政府提供数百万元以奖励一些创业项目，在经济上给予大力支持。大连市首先通过邀请一些海外学子到大连参加活动，然后借助国家的资源实现海外精英与国内资源对接，最后通过导师培训带动海外学子实现创业。大连是一个濒海城市，站在海边可遥望中国的大部分沿海城市。所以这里一向是创业者们眷恋的地方。

在一线城市企业、行业日渐饱和的情势下，企业向中小城市发展已成定局。中小城市之间的竞争已经开始，各城市都推出相关“绿色通道”，提倡人们自主创业，从而带动城市经济建设，带动城市人口就业，以促进城市发展。这些中小城市不仅在政策上广开绿灯，环境上努力完善，对于创业者的生活条件上也努力提高，为创业者保障后方，打造一个舒适、恬静的休息场所。因此，这些中小城市才是最适宜创业者们创业的地方。

4. 适宜人们生活的八个中小城市

每个人都要工作，因为需要养家糊口。但是如果因为工作而失去了生活未免有些得不偿失。如在一线大城市，狭窄的休息空间，拥挤的出行交通，就连走路都是被其他人带动的快节奏，想要提高一点生活质量就需要付出更多的努力。但是在许多中小城市却不然——天上没有飞机呼啸而过；城市中不被刺耳的车笛声所充斥；你无须每天不停地算计着如何节俭费用，走路时也不用甩开臂膀快步急奔。这里环境优美，气候宜人，民风质朴，适合你生活，有益于你的身心。

那么，适合居住的城市有哪些呢？中国城市多达六百多个，在这里只挑选八个为您介绍。

一、威海

威海市位于山东半岛，与黄海三面接壤，是我国第一个国家级卫生城市，也是我国首批进入国家环境保护模范城市之一，且在2003年荣获“联合国人居奖”，2009年更是被评为国家森林城市。威海由于三面临海，受海洋气候调节明显——其春天较冷，夏天没有酷暑，秋天较为温暖，冬天并不寒冷刺骨，它属于温带季风性气候，且具有雨水充足、气候温和适中、昼夜温差变化小等特点。威海风景优美、依山傍水，是旅游避暑的佳地。此外，威海的医疗机构也十分发达，有甲等医院十几所。就连海外人士也纷纷涌入威海买房安居。另外，山东大学、哈尔滨工业大学等高校在威海均有分校，威海人无须远赴他乡即可获得高等教育。威海市区早在石器时代便有人聚居，可谓历史悠久，而如今的威海市内现在生活着我国47个民族，其民族文化丰富，更有乳山大鼓、乳山夏西火龙秧歌等民俗文化。威海市民都喜欢栽种桂花，在居民住宅、学校等地的绿化带中常能见到桂花的存在，每到中秋时节，桂花盛开，市区中飘荡着阵阵桂花的芳香，让人陶醉不已。在市区中漫步一圈，鞋子上不会出现灰尘，口鼻也不会出现干燥的现象，这是一个多么适合人们居住的城市，用生活在威海的人们的一句话说就是：“咱们威海最养人。”

二、苏州

提到苏州，自然而然地便想到了“人间天堂”、“江南园林甲天下，苏州园林甲江南”这些词句。苏州的风景是天下一绝，它是我国的历史文化名城，是重点的旅游城市，也是重点环境保护城市。它是中国十大宜居生活城市之一，是十大魅力城市之一，是国家卫生城市之一，等等，苏州拥有着太多太多的头衔。苏州地处温带，气候温和，四季分明却无激烈变化，早晚温差小。苏州本地盛产碧螺春茶、长江刀鱼、太湖银鱼等，又是鱼米之乡，是我国三大饮食文化之一——苏式饮食文化的发祥地，在这里你可以品尝到几十种美味的苏式小吃。在这里还可以欣赏到正宗的昆曲、苏剧、评弹。而从属于二线城市的苏州，生活压力相较一线城市要轻松得多，这里生活质量很高，每日生活于小桥流水人家之间。品品茶、听听曲、逛逛园林、吃吃美食，真是让神仙都羡慕的日子。

三、杭州

曾被马可·波罗誉为“世界上最美丽华贵之城”，曾被公安部评为“中国最具安全感的城市”，可见杭州的治安良好。因其环境优美，又被称为“国际花园城市”。它有著名的西湖风景名胜区，两江两湖风景名胜区、雷峰塔、六和塔等，更可观看到波澜壮阔的怒潮——钱塘江大潮。杭州的自然环境得天独厚，杭州政府对于环境保护也十分看重，不断加大环境保护措施，治理环境污染。而且每年投入环境治理资金多达几十亿元，使市区每年空气质量优良天数达二百九十多天。杭州为打造最宜居城市，积极发展教育环境，将高质量幼儿园建到市区各处，此外，杭州拥有国家知名中学——杭高、杭二中，并且还有著名的浙江大学，这一切都为杭州成为宜居城市做了铺垫。现在的杭州又推出了“购房入户”的特殊政策，降低落户杭州的门槛，从而为广大国民进入杭州、生活杭州、落户杭州提供了更有利的条件。

四、无锡

无锡坐落在江苏省的南部。无锡处太湖之滨，京杭运河从中穿过，其风景秀丽，历史悠久。无锡地处北亚热带湿润区，受季风气候影响，气候湿润宜人，适合居住。无锡拥有众多的国家AAAA级以及AAAAA级旅游区，以旅游区为基础，一年四季节日庆典不断，像泰伯庙会、无锡国际梅文化节、无锡阳山桃花节等，都为无锡人的生活增色不少。此外，无锡的人们还与政府一同为“宜居城市”这个目标而努力，积极完善城区设施建设，投资建设公路交通，扩增公交线路，建立污水处理厂以减少城市污染，从而让无锡在优美环境的基础上达到城市功能的丰富完备，围绕吃住行购等因素打造全新的休闲之城，并在教育、卫生、体育等生活配套设施上加大力度，完善城市功能，使得无锡越发适合人们居住，方便人们出行。

五、珠海

珠海与香港隔海而望，与澳门握手相连。这里因浪漫的渔女传说被称为浪漫之城。珠海地处中国的南端，没有寒冷的冬季，夏天也不是酷热的熔炉，属亚热带海洋性气候。其清新的空气，干净的市区让你流连忘返，乐不思蜀。自从珠海成立特区以来，珠海市政府对城市环境加强了整治力度，根据珠海风光旖旎的特点，市区建筑多以低层建筑为主，且每块建筑用地绿化面积必须保持在35%以上，并注重人工特点与自然风格相结合的建筑风格，从而营造具有高雅文化的生活氛围。在珠海生活，你可以漫步在香炉湾“珠海渔女”边，眺海天一线，望百帆归航，观星星渔火，听阵阵涛声，尝各式海鲜。而傍晚从工作中走出来，可踏上游船，绕澳门岛，远观澳门绚丽的霓虹灯，体会别样风情的澳门。或坐在树下的酒吧中，品一杯美酒，听一段小提琴。在珠海你还可以利用闲暇时光泡温泉、出海打鱼等，往往许多人需要横跨祖国南北才能实现的事情，却尽在你的眼前。这样的生活多么令人羡慕，生活在这里又是何等的幸福，所以又何必贪恋一线呢?

六、长沙

“屈贾之乡”、“楚汉名城”，都彰显了长沙悠久的历史，深厚的文化。长沙是一个火辣的城市，不仅仅是因为这里能够吃到够味的湘菜，更多的还是因为这里的娱乐特点。长沙是中国著名的娱乐之城，长沙人在娱乐方面可是下足了工夫，在长沙有一整条街的酒吧，还有小型演艺吧、大剧院等，里面上演着歌舞、小品、相声各类的表演，为人们工作之余的生活增添了丰富的色彩。如果在长沙生病，那么你不要担心，因为在长沙有着多家三级甲等医院。长沙市政府为了改善人们的生活质量，从小事抓起，将全市的下水道井盖改换成新材料井盖，避免夜晚出现在井盖之下高歌的情况；为人行道更换透水砖，下雨路面不再存雨水。在主干道点缀低矮花卉，既不阻碍司机目光，又能实现绿化。此外，长沙人热情好客、心直口快、乐于助人，在那里你会被他们的性格所感染，他们喜欢享受生活。这样的地方正是一个生活的好地方，或许也会被人认为这里不是一个成大事的地方，但长沙是许多伟人出生的地方，长沙人骨子里的坚持、执著不正是成就事业的良好品质吗？

七、贵阳

“上有天堂，下有苏杭，气候宜人属贵阳。”贵阳夏不酷暑难耐，冬不寒风刺骨，空气湿润，一年四季见不到风沙。在贵阳，即使最炎热的夏季超过30℃的天气也屈指可数，其紫外线强度较弱，只要坐在阴凉处，不用挥舞扇子也不会汗流浃背。在贵阳政府积极绿化的努力下，达到了三季见到花开、四季满眼绿色的效果。贵阳为实现“和谐宜居城市”，建设了大批经济适用房和廉租房提供给低收入人群，并加大资金投入，为市民提供优质房源。另外，贵阳政府提出“以人为本”的口号，将建设宜居城市列为一项长期工程，不断投入人力、物力、财力来建设美化市区，完善城市功能，让生活在贵阳的人们更有归属感、幸福感。随着贵阳宜居环境的日渐完善，贵阳的硬件设施系统也日臻成熟，凭借其先天优势，这个非一线城市更加适合人们居住生活。

八、曲靖

云南曲靖，曾三度入主“中国十佳宜居城市”。原本的美食曲靖正逐步走向宜居曲靖。曲靖的房价在中国惊人的房价中显得十分宜人，每平方米平均价格是2000多元，并有多个小区被评为“云南省城市生态住宅小区”。在曲靖生活，处处可见的美食让你赞不绝口，大饱口福。曲靖在教育方面也具有强有力的保障，这里有曲靖一中这个培育人才的摇篮。就业和社会保障是曲靖的重要特点，虽然曲靖的平均失业率一直维持在5%以下，但政府却依旧促进就业，从而降低失业率。现如今曲靖正积极发展南区，建设大量优质小区，导入高端消费群体，并力争将南区快速发展为时尚、宜居的中心。曲靖还为南区建设配套设施，让居住在那里的人们不必为生活用品等事情而奔波。在曲靖境内存在以汉、彝、回、苗、壮、布依、瑶、水八个民族为主的群体，其中各少数民族都有自己的民族文化，生活在这里能够感受到各民族不同的风俗，可谓千姿百态，妙趣无穷。

适宜创业或是适宜生活抑或是适宜历练拼搏，其评定的标准各有不同。中小城市规模、工业不如一线大城市，但也正因此原生态环境保护得较好——污染少、生态破坏较轻、空气质量优良、节奏慢、压力小，这些无疑都在提高生活质量，让人们更享受生活，从而使得这些中小城市更适合居住，同时，这也是他们吸引人们落户安家的魅力之所在。

5. 中小城市创业者们所要必备的“五能”

刚刚大学毕业的王亮，年龄只有24岁。初出茅庐的他胸中满怀激情，他不愿意寄人篱下去做个“打工者”，因此，带着一腔热血的他选择了创业。但“现实”这个“评委”亮牌铁面无私，不带有丝毫感情。王亮的创业仅仅维持了三个月，最后不得不选择了关门。

每天不知有多少家新生的店铺倒闭，又有多少家公司成立。那么创业者该如何经营好自己的事业呢？**这就要做到五能，即能正确评估自己的实力，不好高骛远；能谨慎地选择领域，不轻易犯险；能预见未来，眼光放长远；能合理运用资源，用最少的成本获得最大的利益；能成功地推销“自己”，以在顾客心中留下深刻印象。**达到这五点，那么你的事业即使不在几年内成长为国家或某个城市的翘楚，也不会落到关门的地步。

眼高手低、“心比天高，命比纸薄”、好高骛远等，这些词汇多用来教育涉世未深且心高气傲的年轻人。而其中的道理依旧适用于首次创业者们。道理很简单，创业前你应该对自身能力、资源、资金有一个正确、客观、全面的分析，看到自己的优势与劣势。比如白手起家的创业者，资金方面就是一大缺陷，因此就应该先积累资金。不要盲目地追随潮流，看到其他企业的成功就以为自己一定能行。而且千万不要有“小钱不惜赚”的心理，有句名言叫做：“不积跬步，无以至千里；不积小流，无以成江海。”而“小钱不惜赚”的后果便是“大钱赚不来”。再如，一个优秀的广告设计师创业组建了自己的工作室，这个没有威望的年轻人有能力，有创意，并且能够做出优秀的广告。然而大的企业并不愿意将自己的广告交给这个刚刚成立不久的工作室，因为他们还没有做出让人值得信赖的成功案例，而这时年轻的设计师就应该接受一些小的公司且不愿意花费巨额制作费的公司，用自己出色的能力去完成任务，积累信誉并证明自己，那么久而久之，大企业就会看到你的能力，从而将业务送到你的面前。这就是能正确评估自己，不好高骛远的道理。

而第二点，能谨慎地选择领域，不轻易犯险，即是不要在一无所知的情况下，对某个领域做出简单的判断。如农业，农业依旧是我国最普遍且人数最多的行业。或许很多人心中都以为当农民、种庄稼很简单，不用学习，只要有了种子、化肥、土地就可以。然而事实并非如此，不同种类的生物也有着不同的生长条件，比如芹菜喜阴，如果种植在每天阳光暴晒的地方，相信没几天便都干枯而死了。还要考虑种植时间、除草的时机、追肥的时机，处理掉多余的叶子以保证尖端的营养供应，等等。所以对于创业者来说，选择适合自己的行业领域也尤为重要，千万不能在不经调查的情况下就投身到一个行业中，将自己的资金压上去，这样很容易就会被其他企业挤垮，从而白白损失金钱。最好选择较为熟悉的领域，这样容易扎下根来，既不容易“两眼摸黑”上当，又能够很快地发展自己。当然，对某领域一无所知而又在其中大获成功的例子并非没有，但那都是其领域还属于空白并且没有构成成熟体系，自然也就可以在黑暗中摸索前进，那只是一些特殊的情况罢了。

能预见未来，眼光放长远，其意思是要有前瞻意识，不要过于“吝啬”，锱铢必较。对待客户或是合作伙伴能够包容豁达，以便为未来的业务、市场打下基础。当你的朋友遍布天下的时候，你还会对没有市场，没有业务而感到忧愁吗？因此，不要只看到眼前的利益，而失去未来的市场。也可以说，不要因为眼前的一棵树而忽视了整片森林。

兵法有云：兵在精，而不在多。善用兵者可以以少数精兵强将打败几倍于己之敌，那么一个好的创业者也应该能够利用自身有限的资源达到最大的盈利。

史磊是一名白手起家的创业者，他的资金除了向好友借来的之外就是从银行贷的小额贷款，所以他对资金的花费十分仔细。小史经营的是家庭用品租赁，在他的店铺中算上他自己只有四位员工，而且都是他的好友。而他们四个都有着自己最擅长的一方面，其中，郑丽是一位女孩，性格开朗、笑容甜美，每次都与进到店里的顾客聊得投缘，她在和气微笑中做成一笔笔的买卖；龙龙是一位男孩，干练的语言、机智的头脑，使得他在进货时将事情处理得游刃有余，每次他都能以最低的价位进到货物并与供货商成为朋友；金子是一个体格魁梧却十分憨厚的小伙子，每次送货上门都将服务做到家，这让顾客非常满意，也因此对店铺留有很好的印象并愿意为其介绍更多的客户；史磊自己则总是能够说服很多房屋租赁公司，在他们出租房屋给客户的时候，会一同介绍史磊的店铺。起初史磊在店铺的装修上并没花费太多的资金，反而对于货源十分看重，他绝不采购品质低劣的用品租给客人，在一些大型家电上，他虽然从二手市场进货，但每次都会找来修理工先进行一番修整再租给客户。史磊将每一笔钱都花在了刀刃上，也使得他的店铺蒸蒸日上。

这就是能合理运用资源，以最少的成本获得最大的利益的最好体现。

那么，如何才能成功地推销自己呢？首先要有一个理念，这里你该跑赢谁。有一个典故：

两个猎户上山打猎，忽然发现了一只吊颈白虎，二人心胆俱裂，连射两箭均未能射中老虎，反而把老虎激怒，于是猎户转身欲逃，然而一人却忽然弯腰蹲了下去。另一人好奇地问道：“老虎已经逼近了，你系鞋带干什么？你以为你能跑过老虎啊！”这时那猎户已经系好了鞋带说道：“我为什么要跑过老虎，我跑过你就可以了。”随后他便向前急奔。

当然，这只是一则杜撰的故事，但其中道理却极其深刻，创业者应该将目标定在另一名“猎户”身上，因为相较“老虎”而言，与“猎户”赛跑更容易获胜，当你跑赢了“猎户”，自然也就躲过了危机。同理，如果你把竞争目标定在了行业的龙头，表面看来或许显得你志高，却着实有些螳臂当车的嫌疑，最终你将走向灭亡，而如果你最初只是将目标对准了和自己一样的小企业，那么胜利相对而言更容易些，而同时，打败了对手后也就少了一人分羹吃，你吃到的自然更多一些。

世上任何一个行业都是一潭深深的水池，表面看来或许清澈见底，但是水下却依旧还有足以淹没你的淤泥。所以，下水之前要做好保护措施，或是看看池边的警示牌，这样才能保障你的人身安全。

6. 中小城市创业优惠政策

各个城市不同，给予创业者的优惠政策也各有不同。为了鼓励创业者们创业，各中小城市各显神通，在能接受的范围内将政策开关调到了最大化，为创业者们敞开大门，绿灯放行，并在各方面提供服务指导，以便让创业者快速成长。

杭州为大学生自主创业提供了许多实质性的优惠政策。杭州出台了一系列相关文件，提出创业者创办公司到工商局注册时免收注册费，并下调注册资本，而且还可以利用评估资产作为注册资本的一部分。这些政策直接降低了创建公司的门槛，让更多的人更容易起步。一个企业的发展需要一定的资金作为后盾，针对这一点，杭州为降低创业者们前期压力，开放了申请无偿创业资助，其资助金额高达20万元。这要比跑到银行贷款实际得多，因为它是无偿资助，不会给创业者造成想早些还贷的压力。同时他们还为创业者建设了创业园，在创业园中创业的大学生可以申请租房补贴，对于达到标准的创业者可以获得经济补贴。不仅如此，杭州对于创业者们未来展示自己、推销自己的产品也提供帮助，鼓励创业者们带着自己的产品走向会展，并对展位的费用实行高达一半的补贴政策。对于创业者招聘人才也提出相关优惠政策，实施进入招聘会免展位费，免费在本地网站发布招聘信息并推荐相关人才等。对于外来人员住房问题也给予帮助，符合条件的大学生可以申请入驻到创业人才公寓，享受优质廉价的房屋租住服务。杭州不断地出台新政策，在实践中摸索出对创业者们更有效的服务措施，从而使创业者们稳步发展。

成都为鼓励高校毕业生自主创业，增加就业机会，更是出台了一些惊人的政策。按常理来说，一个公司，一个企业或是一家店铺都应该具有合法的经营执照，才能拥有经营权。然而成都对于高校毕业生自主创业的，如果从事规定的如日用品、食品等行业暂时不具备到工商局注册条件的，可以申请“灵活就业营业辅导证”进行试运营，也就是在无照的情况下可以尝试经营一年，待得符合条件之后再到工商局注册审批。并在试运营期间，在工商局备案，工商局会提供人员给予帮助，如果一年后依旧未达到要求，那么办理试运营的手续也十分简单，而对于达到要求的，则可以快速转为正式个体户或正式企业。企业成立后自然需要缴纳注册资金，成都在往年对于高校毕业生创业调查后，实行了零首付注册，即在企业创立之初注册时不缴纳最低30000元的注册资本，并给予半年的营业执照。若该企业在半年之内达到注册资本的五分之一，则其他注册资本可以在今后的两年内补清，这样就大大提高了新兴企业在前期艰难创业中的资金流通性。成都对于由高校毕业生创办的企业经营初期造成轻微违法或违规行为的，没有造成恶劣后果并积极改正的，工商局不进行经济处罚，只实行警告并给予指正。

重庆则别出心裁，为创业者们提供系统完善的免费工作室。重庆市建立了一个创业体验区，总面积达1000多平方米，在体验区内有几十间面积约为6平方米的单独隔间，虽然很小但是里面办公设施还是很齐全的。体验区还设有封闭式的会客间，供各个工作室使用，当然会客间并不专属于某个工作室，而是大家公用。公用设施还有打字复印、传真、设备维修等，从而为进入工作室的创业者们提供优质的服务。创业体验区还有一系列相关的配套服务，即在体验区内每天都有老师坐班，如若遇到经营、促销等专业问题，随时可以得到老师的帮助，并且不收取任何费用。另外，他们还设立“创意商场”，鼓励工作室或是个人将自己的创意点子在“商场”外推广，从而有利于寻求到合作伙伴或者得到外来投资，而且还能得到相关行业内专业人士的指点。而体验区的门槛也并非很高，只要你有高校文凭（这其中也包括成考、电大等文凭），拥有操作性强、极具创意的点子即可申请，随后接受专业考核，考核通过后即可进入体验区进行为期一年的创业体验。

浙江省金华市鼓励大学生村官依托农村天然条件自主创业并获得成功从而打开了在农村创业的新道路。金华市出台了关于大学生村官创业的政策帮助大学生村官创业，如提供资金，提供技术服务，帮助打开销路，提供市场等。比如金华市白庄村村主任助理胡志明，他无意中发现本地十分适合种植西瓜，几经劝说村民无果，于是他自己尝试，在政府投资并给予技术指导后大获成功。他收获的西瓜产量高，口感好，销路广，并带动其他村民共同种植，最后联合其他村民组建自己的基地——专业合作社。金华市帮助众多大学生村官在当地发展农业，将农产品系统种植，规范经营，并为农产品寻来买家。提供大量资金建设现代化大棚等基础设施，并且请专家老师到各个相关企业、养殖大户进行上门指导，从种植到销售一条龙跟踪服务。

中小城市为创业者提供的帮助大到城市，小至农村，上到高科技产品，下到农产品种植，可谓种类繁多，并在各个方面提供资助、指导。这都为创业者建设属于自己的摩天大楼打好了地基，并铺平了道路。然而类似于杭州、成都、重庆、金华这样的城市比比皆是，几乎每一个二三线城市都在为创业者提供帮助，虽然是大同小异的政策，但也不缺乏别出心裁的优惠政策，以达到吸引创业者入驻的效果。因此，密切关注各城市的举措，对于创业者来说有莫大的好处。

7. 二三线城市才是好项目发展最佳的“根据地”

像北京、上海、广州等一线大城市机会多、职位多，挣的钱也相对要多。如果一个人具有一技之长，在大城市中生存下去应该不成问题，而唯一的问题可能是众多打工一族都会面临的问题，即要想定居在大城市就要解决住房问题。对于高级打工者来说也许不成问题，但对于众多普通人来说就是个大问题。然而所谓的高级打工者也并不是完全没有压力，因为他们会时刻担心自身面临的职业危机或身体健康发生变故，他们每天都会处于高度紧张的状态中。其实对于这些人来说，完全没有必要将自己搞得精神高度紧张，可以选择到中小城市开辟新的财富战场。

对于中小城市而言，行业的饱和程度远远不及大城市，甚至一些行业还是一片空白，这些空白恰好蕴藏了无尽的商机，只要找准投资商机并抓住机遇，就可以有效地驾驭财富。对于在大城市中打拼多年的打工者来说，将好项目带到中小城市去做同样会有很多优势。那么，在中小城市创业需要做好哪些准备呢？

一、充分了解当地市场

如果想创业成功不仅要有明确的目标，还要对当地的市场有所了解。比如，当地哪些行业发展态势好，哪些行业属于夕阳产业，哪些行业已经趋于饱和，什么样的行业未来有很大的发展空间，等等。如果没充分了解这些就去创业的话，亏本的几率也会大大增加。比如，当了解到某些中小城市的家政行业处于空白阶段，而且经过长时间的市场调研确实也存在一定的市场，于是便成立了一家家政公司，可几个月下来却没有一个客户前来咨询。为什么会出现这种情况呢？其实这就是在市场调研中忽视了一个很重要的环节，即需求量环节。因为一些小城市经济处于欠发达状态中，虽然家政服务在当地是个空白，但当地的需求量太少，所以在这种情况下，所开设的家政公司根本很难运营起来。因此，一定要在充分了解当地市场需求的前提下进行投资创业。

二、找到有发展潜力的好项目

什么是有发展潜力的好项目呢？其实，现在市场中很多项目的定义和发展前景都很好，但这些项目并不一定有市场，即便是有市场也不一定能赚到钱。所以真正找到一个有发展潜力的好项目才是获利的根本。如何评判一个项目适不适合发展，首先要对当地市场有深刻的了解，这样才能让投资更具针对性。如果有在大城市打拼的经验，还可以敏锐地看到哪些项目能在当地产生高收益。

此外，好项目通常具有这样的特点：

成本小：对于很多人来说，既不是富二代又不是官二代，因此他们没有太多的创业启动资金，在这种情况下，那些投入成本小的投资项目无疑受到他们的热捧，同时也是他们创业的开始。

变现率高：好项目通常无须投入大量的人力物力。而在资金回笼方面也不会经历太长的周期，使得资金的变现率提高。

企业化特征：市场上很多创业项目虽然面向的是中小投资者，但加盟内容不是餐饮就是服装鞋帽，对于很多创业者而言，这样的创业项目与家庭作坊没什么两样，也可以看成是开了一家小型杂货店。这样的创业项目缺少的是企业的品质，也就是说，它的发展很难拓宽到其他领域。这也是为什么多如牛毛的小项目并不能让创业者决心去做的原因。其实在创业中，创业者最看重的就是投资的项目是否具有企业化的特征。如果创业项目具有企业化的特征，他们内心会油然生出一种自豪感。这样的项目是创业者最想得到的，同时也是让项目逐渐做大所不可或缺的因素。

马明是室内装潢设计专业毕业的研究生，毕业后他本想进入上海的一家跨国设计公司工作，可始终没能如愿。后又考取公务员失败，因此，马明显得有些忧虑。当他看到大学同学都在上海找到了一份体面的工作时，略感失落的他决定远离这座让自己“受伤”的城市，到小城市去发展。因为马明一直对自己非常有信心，同时也相信“是金子早晚会发光”这句哲言。

于是他离开上海，并选择离家比较近的西安作为追求财富的“根据地”。其实在读研究生期间，马明就对一个名为“节能低碳生活馆”的项目抱有很高的兴趣。可由于缺少必要的资金及合作伙伴，使这个创业计划就此搁浅。来到西安后，马明意识到该项目与西安城市建设的目标十分吻合，于是他来到西安工业园，寻求项目合伙人。功夫不负有心人，西安工业园管委会对他详细的项目方案非常感兴趣，决定在资金上对其实施支持，还任命马明为该项目的负责人。就这样，马明的“节能低碳生活馆”项目得以实施。经过一段时间的发展后，马明的项目不仅在西安得以成功推广，还引起了一些外省市投资者的注意。显然，马明的项目为他赢得了荣誉和财富。

从马明成功的案例中就可以看出，没必要只将目光局限在大城市，那些中小城市也许才是追求财富最佳的“根据地”。

8. 成本诱惑——二三线城市掀起创业热潮

一些从国外取到创业真经的海归感慨道："国外的创业者根本不会考虑在大城市中扎堆进行创业，而是会选择在二三线城市，因为二三线城市的成本诱惑是实实在在的。"从国内企业发展来看，越来越多的企业为了能有效控制成本已经将二三线城市作为新的掘金之地。当问及来二三线城市创业的企业家时，他们坦言："与北京和上海一线城市的房租价格相比，这里的房租价格还不到一线城市的一半，这样就为我们节省了大量的资金，而使我们开展其他新的业务。"

于是，把成本降到最低水平，这样对于创业者来说才更具有诱惑力，而且各地政府为鼓励新兴产业和其他行业而出台的优惠政策，无疑也是吸引创业者驻足的因素。随着二三线城市基础配套设施的不断完善，它们与大城市在物流运输、信息建设等方面的差距越来越小，在这种情况下，创业者的后顾之忧也会减少，这样才能使他们创业的决心进一步增强。

当然，创业者毅然决然地放弃一线城市而转战二三线城市，并不是一时头脑发热，而必须是经过深思熟虑后做出的抉择。从整体上而言，有失必有得，放弃一线城市的优越感后换来的是更加诱人的成本。

麦包包这个国内最大的箱包电子商务企业就是在三线城市成功发展起来的。当问及该企业负责人是如何在三线城市取得成功时，麦包包总裁叶海峰脸上堆满了笑容，说道：“开创企业不一定非要在北京、上海或广州，到三线城市不失为一个明智之举，因为在三线城市中胆子可能会比在一线城市中的要大，干的事通常也能出乎你的预料。”

早在2007年，麦包包的创始人就曾为在何地发展的问题伤透了脑筋。当时有人主张在北京、上海等一线城市发展，这些人认为大城市能最大限度地为创业提供多方面的便利条件，如发达的信息资源和便捷的交通资源等。也有人建议在二三线城市发展，这样才能为企业节约大量的成本。在此后很长一段时间内，麦包包创始人对一线城市和二三线城市的投资环境及投资成本等多方面进行对比，对比中他被二三线城市相对优惠的成本吸引住，因此最终选择在浙江嘉兴开办麦包包。仅仅经过几年的发展，麦包包的增长率就非常惊人，并远远超过了外界对它的预估，仅在2010年全年的销售额就高达4亿元，在2011年则高达11亿元。如今，麦包包正以每天销售数万个箱包的速度成为电子商务企业中闪耀的新星。销售数字上来了，麦包包的知名度也越来越高。2010年，美国DCM和联想公司向其融资高达4500万美元。此时的麦包包已经不再单纯地追求利润，而是将关注焦点转移到打造企业文化上。

中国电子商务服装前三位的领先品牌Justyle在起初发展时走的是与麦包包不同的发展策略。Justyle一开始选择在上海开办企业，主打男装时尚概念，为了有良好的工作环境，Justyle在上海最好的地段租了写字楼，仅这一项费用就比麦包包多好几倍，巨大的成本压力很快使Justyle招架不住，于是受麦包包的影响，Justyle将总部从上海搬到了浙江嘉兴，这样每年不仅节省了大量的租房资金，销售业绩也逐渐走上正轨。

当被问及政府是如何通过成本诱惑的方式成功引进竞争实力强的电子商务企业时，嘉兴市一位政府负责人表示："电子商务产业对于嘉兴来说是新兴行业，当以麦包包为主的众多电子商务企业涌入到嘉兴时，政府就把电子商务作为新兴产业和转型升级的战略性产业重点扶持和培养。相信随着越来越多电子商务企业入驻嘉兴，我们将为这些企业开辟最适合企业发展的平台和极具诱惑力的成本优势。因为长三角地区的商业竞争异常激烈，吸引电子商务企业来嘉兴投资最大的诱惑就是嘉兴地区非常优惠的投资成本，让这些企业能实实在在地享受到比大城市优惠很多的政策，最终让他们感觉到在嘉兴投资成本低、效率高。在口碑效应的带动下，就会有越来越多的电子商务企业从大城市转战到嘉兴这样的小城市中来。"

由此可以看出，成本诱惑确实是吸引一些人选择在小城市发展不可忽视的因素，因为成本诱惑确实能为很多企业减少成本支出，让他们最大限度地获取收益。相信随着小城市成本诱惑的进一步提高，会有越来越多的个人或企业放弃大城市来小城市发展。